做父母不焦虑

如何让孩子
成为更好的自己

刘玉瑛 著

新 华 出 版 社

图书在版编目（CIP）数据

做父母不焦虑：如何让孩子成为更好的自己 / 刘玉瑛著.
－－ 北京：新华出版社, 2023.7
ISBN 978－7－5166－6854－2

Ⅰ.①做…　Ⅱ.①刘…　Ⅲ.①儿童教育－家庭教育
Ⅳ.①G782

中国国家版本馆CIP数据核字（2023）第104708号

做父母不焦虑：如何让孩子成为更好的自己

作　　者：刘玉瑛

出 版 人：匡乐成		选题策划：黄春峰	
编辑统筹：沈文娟		封面设计：赵晓冉	
责任编辑：祝玉婷　丁　勇			

出版发行：新华出版社
地　　址：北京石景山区京原路8号　邮　　编：100040
网　　址：http://www.xinhuapub.com
经　　销：新华书店、新华出版社天猫旗舰店、京东旗舰店及各大网店
购书热线：010－63077122　**中国新闻书店购书热线：010－63072012**

照　　排：六合方圆
印　　刷：三河市君旺印务有限公司

成品尺寸：148mm×210mm　1/32
印　　张：8　　　　　　　　　字　　数：160千字
版　　次：2023年7月第一版　　印　　次：2023年7月第一次印刷

书　　号：ISBN 978－7－5166－6854－2
定　　价：48.00元

前 言

莎士比亚的戏剧《哈姆雷特》中有一句名言：To be，or not to be，that is the question.（译：生存还是毁灭，这是一个值得考虑的问题。）

我说，"鸡血养娃"还是"佛系养娃"，这是一个问题。

"鸡血养娃"者，是家长为了让孩子能考出好成绩、上名校，不断地安排孩子学这个、学那个，上这个培训班，上那个培训班，不停地让孩子去拼搏、去奋斗。这就像是给孩子"打鸡血"，网络上称之为"鸡血养娃"。

"佛系养娃"者，与"鸡血养娃"者相反，家长自由自在，任凭孩子哭闹，菩提静静吃瓜；孩子成长随意，我佛坐待花开。总之，就是"放羊"的一种养法。

这两种养育孩子的方法，孰是孰非？如果要放到网络上讨论的话，我觉得会吵成"一锅粥"。所谓"爹说爹有理，娘说娘有理"。

习惯的说法，养育孩子是一种投资。既然养育孩子是一种投资，那我们就不妨用投资的方式来简单分析一下"鸡血养娃"与"佛系养娃"的利弊。

"鸡血养娃"，成本高。家长投入了大量的物力、财力、精力，有的妈妈甚至全职在家专门照顾孩子、培养孩子，为孩子真是呕心沥血。这种养娃方式，是高风险高收益。这就像炒期货，投入 1 万元，也可能收获 10 万元的利润，也可能血本无归。

"佛系养娃"，成本低。家长投入极少的物力、财力、精力，但孩子成长成什么样不确定，也许成长为一朵鲜亮的玫瑰，也许成长为一棵狗尾巴草。这就像买彩票，花一元钱，你可能中 500 万元大奖，你也可能收获的是"谢谢你"！

我是既不赞成"鸡血养娃"，也不赞同"佛系养娃"。

我看过一部名为《小舍得》的电视剧。剧中的田雨岚是"鸡血养娃"的典型代表。剧中的南俪和老公夏君山是"佛系养娃"的代表。

田雨岚精通"鸡娃"黑话，努力搜集各种"鸡娃"活动信息，费尽心机为儿子争取补习班名额。她的眼里只有儿子的成绩，要求儿子颜子悠门门功课必须争第一，竞赛的奖杯必须拿到手软……她觉得给了儿子全部的爱，但儿子并不这样觉得。她儿子颜子悠说："妈妈爱的不是我，而是考满分的我。"后来，这孩子还抑郁了。

南俪和老公夏君山认为，教育孩子应该多方面发展而非只顾书面上的成绩。于是，他们支持女儿的才艺表演，支持女儿放飞自己。但是当女儿夏欢欢的成绩到了45分、女儿哭得撕心裂肺时，"佛系养娃"的夏君山夫妇，佛系不起来了，他们决定开始"鸡血养娃"。

养娃真的要这么极端吗？除了"郁闷的学霸"和"脆弱的学渣"，就没有别的路径？在我看来，养娃方式不必那么极端。

养育孩子的方式，可以有多种选择，孩子的未来，也会有无限的可能。

社会上，有快乐的"学霸"，也有开心的"学渣"，还有许许多多内心富足丰盈的人，虽然我们无法得知这些人在求学阶段是"学霸"还是"学渣"，但这并不影响他们如今过着幸福的生活、快乐的日子，为社会作着平凡的贡献。

既然我不赞成"鸡血养娃"，也不赞同"佛系养娃"，那我推崇什么样的养娃方式呢？我推崇的是"放养养娃"。

"放养养娃"，既不是"放任养娃"，也不是"放羊养娃"。"放养养娃"放的是思维，养的是习惯。用这种方式养娃，家长会少一点焦虑不安，多一分淡定从容；孩子会少一点逆反厌学，多一分自律自立。最终达到家长从容淡定生活，孩子自律自立成长。我其实是这种养娃方式的践行者和直接受益者。

我不敢说我女儿优秀、成功，但我可以毫不谦虚地说，我女儿很自律、很自立。从小学到大学，她的学习从来没有让我们操过心。她中学毕业考入北京人大附中，大学考入北京航空航天大学理科实验班，并留学巴黎欧洲高等商学院（ESCP Europe）、美国普渡大学（Purdue University）和德国莱布尼茨大学（Leibniz University），获 4 个硕士学位，精通多门外语，具有特许金融分析师（CFA）资格证书、金融风险管理师（FRM）资格证书、法律职业资格证书等。现为国内某金融机构 SVP。

她出国留学时，我们只送她到楼下，她自己拎着大行李箱坐车去机场。她留学归国在外地工作，每天下班的第一件事，是主动给我或我先生打个电话，聊聊工作、生活、学习情况，法定节假日她会陪伴我们到国内外旅游。从中学时期开始，只要是她在家，我下班回家晚了，她都帮我把晚饭做好。

有人问我，你们打过女儿、骂过女儿吗？我可以肯定地说，我们从来没有骂过女儿，更别说打了。如果说有打的话，那是在她5岁的时候，我特意找了个理由，轻轻"打"了她一次，那是为了告诉她，社会上存在着暴力。你不要暴力别人，但也要小心别人暴力你。

女儿既然很自律、很自立，我自然也就非常从容淡定了。

有时候，我也在想，是我的从容淡定，养育了自律自立的女儿，还是女儿的自律自立让我从容淡定不再焦虑？今日想来，这应该是"放养养娃"方式养育孩子的结果。

家长怎样"放养养娃"，才能让自己从容淡定，让孩子成为更好的自己呢？我所撰写的这本《做父母不焦虑：如何让孩子成为更好的自己》一书对此进行了详细的解读，这里就不再赘言。

在撰写本书的过程中，许多专家、学者所撰写的文章，给了我许多启迪，本书也引用了一些网络媒体报道的真实资料；深圳超极文化传播有限公司创办人顾骁先生也为本书提出过宝贵的意见，在此，我谨向这些文字权利所有者和顾骁先生致以诚挚的谢意。

我也非常感谢新华出版社的副社长黄春峰先生和图文编辑室主任沈文娟女士，他们为本书的"问世"付出了辛勤的劳动。

刘玉瑛

2023 年 6 月 1 日

目录

1
第一章

从家庭教育的困局中觉醒

2
第二章

家长要做的最重要一件事

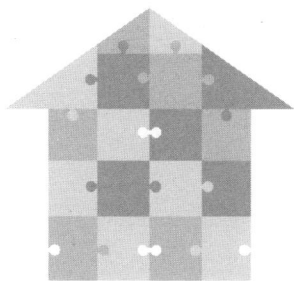

从家庭教育的
困局中觉醒

托尔斯泰在《安娜·卡列尼娜》一书的开篇说过这样一句名言："幸福的家庭都是相似的，不幸的家庭各有各的不幸。"我套用托尔斯泰的话讲，自律自立的孩子都是相似的，不自律、不自立的孩子各有各的问题，逆反、厌学、玩游戏成瘾，等等。虽然这些问题表现在孩子的身上，但问题的根源却是在家长的心里。家长要培育自律自立的孩子，首先要从家庭教育的困局中觉醒。

有人说："真正的人生，从自我觉醒的那一刻开始。"觉醒是一种内在的力量，没有这种内在力量的配合，任何外在的力量，都只能是暂时地起到表面的作用，而不能起到根本的作用，所谓"治标不治本"。鸡蛋能孵出小鸡，石头只能捂热表皮。

一、亟待改变的思维方式

一个人的成功，不仅取决于他的知识和经验，更取决于他的思维方式。因为思维决定思路，思路决定行为，行为决定结果。家庭教育也是如此。家长的思维方式决定着他对孩子采用什么样的教育思路，教育思路不对，就会导致错误的教育行为，而错误的教育行为，最终导致的是错误的教育结果。悔之已晚。

那么，在家庭教育中，家长有哪些思维方式亟待改变呢？

（一）"认死理"的僵化思维

在现今的社会，绝大多数家长面对的家庭教育问题和家庭教育困境几乎都是相似的，但孩子的家庭教育结果却有着天壤之别。是什么原因导致了天壤之别的教育结果？我认为，是面对同样家庭教育问题时的处理方法，是面对同样家庭教育困境时的解困方式。

一些家长遭遇现实的家庭教育问题和家庭教育困境，不懂得面对现实，而是依然用僵化的思维方式来思考现实问题。要知道，昨天的太阳晒不干今天的衣服。

僵化的思维方式表现的形式固然是多种多样，但在家庭教育问题上，僵化思维方式的突出表现就是"认死理"，固执地坚持某种道理或理由，而不知变通。

《吕氏春秋·察今》中讲过这样一个故事，说是楚国有个渡江的人，他的剑从船上掉进了水里。他急忙在船沿上刻了一个记号，说："我的剑就是从这里掉下去的。"船靠岸后，这个人顺着船沿上刻的记号下水去找剑。

这种"刻舟求剑"的故事是不是在家庭教育上也会复制呢？答案是肯定的。

某种传统的道理或理由已经不适合现代的孩子了，某些道理或理由已经根本不适合自己的孩子了，但家长却固执地坚持这种道理或理由。

比如说，有的家长认定了"学会数理化，走遍天下都不怕"的道理，就对孩子是否具有学会数理化的先天禀赋视而不见，就对孩子是否有兴趣学习数理化置之不理，强迫孩子高考志愿报考理工科。最后，虽然孩子被某理工科院校给录取了，但他兴味索然，学得吃力、费劲、挂科，家长也因此而陷入焦虑烦恼之中。

就像"刻舟求剑"的故事，船已经行驶了很远，而剑是不会随着船而前进的。像这样找剑的人，不是很糊涂吗？

要知道，孩子的先天禀赋、兴趣爱好是不同的，现今的社会需求也是多样化的。不仅仅是"学会数理化，走遍天下都不怕"，你就是学会了理发，也会走遍天下都不怕。

因为"认死理"，有的家长从不怀疑某种道理或理由，即便是这种道理或理由已经给自家孩子带来了不良的行为结果，他也会把这种不良的行为结果归罪于孩子，而不会也不敢否定他认定的道理或理由。

我认识一位朋友，他的儿子非常具有文学天赋，但他固执地认为学理工科才有出息，就强硬地让儿子在高中时上了理科班，而在高考填报志愿的时候，根本无视儿子的意见，强迫儿子报考了一所理工科类大学。

他的儿子上了这所大学之后，对所学的课程根本没有任何兴趣，尤其是对高等数学，那是一个深恶痛绝。结果，儿子打游戏、逃课、挂科，差一点儿没能毕业。但他却不认为是自己错了，而是抱怨儿子不给他省心，颓废不上进。

有一部名叫《老中医》的电视剧，电视剧的主角是江苏孟河名医翁泉海。

翁家医术渊源久远，并有一个治疗肾病的祖传秘方。翁泉海在医治患者的过程中发现，祖传秘方需要改进，否则影响疗效。

而当他向父亲老翁提出要改进秘方时，他却遭到了父亲和家族其他长辈的坚决而强烈的反对。反对的理由是，老祖宗的秘方怎么能改变，改变了老祖宗的秘方，就是否定了咱们翁家的祖传医术。于是，老翁惩罚儿子翁泉海跪在祖宗祠堂三天三夜，并且棍棒加身。

虽然翁泉海最后抗争取得了胜利，但身心却受到了极大的伤害。事实证明，翁泉海部分否定了家里的祖传秘方，并加以改进，给患者带来了非常好的疗效。

现实中，不是每个孩子都是翁泉海，但却有着许多"认死理"的"父亲老翁"。

（二）"名利欲"的功利思维

说一句家长别喷我的话："现在许多家长养育孩子很功利。"这种功利主要表现在，只关心孩子能否成功、能否成名，望子成龙、望女成凤，完全被功名利禄所裹挟。只要是成龙、成凤，就是成功了；而不关心孩子是否快乐、是否幸福。因为孩子的成功、成名，可以光宗耀祖，可以让家庭蓬荜生辉，可以让自己的理想在孩子的身上得以实现。

因为功利，有的家长对孩子的培养就只关注他的学习成绩怎么样，而对孩子的人格培养、身心发育等忽略不在意。生活中一切包办代替，只要孩子学习成绩好，能考上一所好高中、能上一所好大学就万事大吉。结果培养出了连鸡蛋都不会剥的孩子。这还真不是我瞎编。

2019 年 9 月 11 日，南方网登载了郭元鹏撰写的一篇题为《"初中生不会剥鸡蛋"，别让孩子走不出生活的蛋壳》的文章，文章说：

"前几天，在贵阳市，中学语文老师郑志雄在早上第一节课进教室的时候，送餐公司正对孩子的早餐盒进行统一回收。郑老师走过去打开一看，发现里面剩的全是鸡蛋，郑老师一数，发现有 39 枚鸡蛋，而这个班只有 45 名学生，说明只有 6 名学生吃了鸡蛋。

"经过询问得知，原来这些孩子不是'不喜欢吃鸡蛋'而是'不会剥鸡蛋'。看着这一堆鸡蛋，郑志雄心里十分不是滋味，既担心孩子没有补充到营养，也觉得这太浪费了。正如郑老师所说：贫困地区的孩子不一定能够轻易吃得上一枚鸡蛋，学生们这样浪费鸡蛋，让人心痛。

"为了让孩子'自己会剥鸡蛋'，这位教师将剩下的鸡蛋全都收集起来并分发给了学生们，将语文课改成了'鸡蛋了解课'。"

"初中生不会剥鸡蛋"，这很让我吃惊加震惊。我真的很怀疑这篇文章的真实性。

是孩子学不会剥鸡蛋吗？非也。是家长不想让孩子亲自动手剥鸡蛋。家庭餐桌上，奶奶剥鸡蛋、妈妈剥鸡蛋、姥姥剥鸡蛋。

我女儿两岁多的时候，我开始给她吃煮鸡蛋。餐桌上，姥姥给她剥了一个鸡蛋，她高兴地吃完了。第二天早上，她看着碗里的鸡蛋等着姥姥给她剥鸡蛋。姥姥去厨房洗手准备给她剥鸡蛋，我跟着姥姥到了厨房，告诉她："您今天不要给她剥鸡蛋，让她自己剥。"姥姥说："这么点的孩子怎么会剥鸡蛋？"我告诉姥姥："学了就会了。"

我回到餐桌，女儿瞪着鸡蛋等着姥姥剥鸡蛋。我告诉她："自己的事情自己做，自己吃的鸡蛋自己剥。妈妈最喜欢会剥鸡蛋的孩子！"说完，我就开始给她示范怎样剥鸡蛋。虽然她第一次剥得有点像螃蟹吃豆腐，剥得乱七八糟，但毕竟是独立完成了剥鸡蛋，我奖励了她一个小果冻。她小时候喜欢吃果冻。

初中孩子不会剥鸡蛋，已经让人震惊了，而大学一年级的学生居然不想洗衣服，不会洗衣服。据媒体报道，江西九江的一位母亲就收到过刚上大一的儿子寄来的脏衣服包裹。这位母亲很生气。但也不能不说这是咎由自取。原来，这位母亲为了不耽误儿子的学习和休息的时间，儿子所有的脏衣服一直都是她帮忙洗的。

别说我是拿个案问题当普遍现象。家长在生活上包办代替的并不少。每当大一新生开学季，这些新生基本上都是在家长的陪伴下去学校报到。家长拖着大包，拎着小包，孩子当甩手掌柜的。家长不仅帮助拎包，还得帮助铺床叠被、买生活用品、办理校园卡等手续。

功利思维的家长把孩子的考试成绩、成功成名，看得比天还大，而对其他方面素质的培养等，则视为可有可无。而最终结果，培养出高分低能的孩子，甚至是低分低能的"熊孩子"。

（三）"随大流"的从众思维

从众的思维方式，用通俗的话来讲，就是"随大流"。这种思维方式，是通过大众的行为状态来决策自己的行为。

从众的思维方式有利，也有弊。就利来讲，这种思维方式有益于一个人能够更好地去适应社会，并减少判断的成本。比如说，高楼着火，一群人朝楼下奔跑着逃难，自己是跟着逃生呢，还是等研究研究再说？如果研究研究再说，很可能要付出生命的代价。

但从众思维也有弊。就家庭教育来讲，从众思维，容易抹杀孩子的个性。

然而，这种容易抹杀孩子个性的从众思维在有些家长身上还表现得非常明显。别人家的孩子学钢琴，我也得给孩子买一架；隔壁老王家的孩子吹长号，我至少也得让孩子吹短号，全然不管孩子是否喜欢、是否有兴趣。如果孩子不喜欢，就强制，结果孩子哭，家长吵，每天鸡飞狗跳，家无宁日。

当年我家住筒子楼，对门的一家每到晚上八九点钟，就吵闹不休。不时传出孩子大哭、妈妈打骂的声音，接着是比哭还难听的二胡声。原来，是妈妈逼着儿子学二胡，想让儿子有艺术特长，以便上一所好高中。

　　家长要改变"随大流"的思维，也不是一件容易的事情。心理学上有一个著名的"剧场效应"。所谓的"剧场效应"，就是在剧场里看电影或看戏的时候，如果前排有人站起来，并挡住了后排的视线，后排的人也会跟着站起来，最后，整个剧场的人全都站了起来，有的甚至站到椅子上看。

　　这种剧场效应在孩子教育的问题上，最明显的表现就是超前教育、揠苗助长，总怕自己的孩子输给别人家的孩子。别人家的孩子3岁就能做小学二年级算术题，我家的孩子连一年级的算术题都不会做怎么办？于是，家长就加入提前教孩子算术题的队伍中；别人家的孩子上了校外培训班，我家孩子如果不上，考试成绩落后了怎么办？于是，家长和孩子都成了培训大军中的一员。

二、亟待转变的教育理念

理念，是上升到理性高度的观念。所谓教育理念，是关于教育宗旨、教育目的、教育理想、教育目标、教育方法的观念。

我国有一个"南辕北辙"的成语故事，说是有一个人要到南方楚国去，却驾着车往北走，有人告诉他方向错了，他说没关系，我有一匹好马；别人说有好马也不行啊，他说我还有一辆好车；别人说有好车也不行啊，他说我还有一个技术高明的驭手。

家长的教育理念决定着他对孩子的教育实践，它像导航仪一样，对孩子的教育实践，具有引导定向的作用。教育理念如果滞后或者错了，就是"南辕北辙"，一错百错。在家庭教育中，家长有哪些教育理念亟待转变呢？

（一）唯分数的教育理念

唯分数的教育理念，视分数为大，家长教育孩子是围着分数这根指挥棒转。这也是一些家长的通病。评价孩子只看分数，不看其他。考了高分，全家欢天喜地；考差了几分，家长眉头紧锁、唉声叹气，孩子心惊胆战、不知所措。

唯分数的目的也是唯升学，家里的一切都是为了让孩子读个好高中，上个好大学。要说这也是无可厚非。哪个家长不希望孩子在学业上有所成就？哪个家长不希望孩子前程似锦？问题是，不能唯分数、唯升学为大，不能唯分数、唯升学为孩子的评价标准。而事实上，一些家庭、学校，就是以此为评价孩子的标准，把考分高当成了"优秀生"的代名词，把考入名牌大学的称之为"英才"。

唯分数、唯升学，会让家庭教育偏离方向，会培养出高分低能的孩子；不仅如此，唯分数、唯升学的教育理念，还会让孩子心理脆弱，经受不起挫折困难，即便是上了名牌大学，或者名牌大学毕业，也是无法面对学校、社会激烈的竞争环境的。

我在北大读书时，就面对过一个学弟和一个学妹的自杀事件。

那个学弟以高分考入北大。据说，他在当地不管是小学、中学还是高中，考试成绩总是第一，但进入北大之后，第一次期末考试，考了个中游；第二次期末考试就垫底了，这让他大受刺激，结果投了未名湖。

那个学妹也是以高分考入北大的。与我当时住的宿舍是斜对门。我记得那是一天的中午，我午睡起来端着脸盆去水房洗脸。推开房门，就见楼道里有许多警察。原来，那个学妹在宿舍上吊了。据说是因为失恋而自杀。

我还有个小老乡。在我们县高中，他也是学习上鼎鼎有名，是当地考生的学习榜样。他本科考入清华大学，硕士保送到了北京大学。他在北京大学读硕士的时候，我已经从北京大学毕业了，但我先生正在北京大学读硕士。

有一天，我先生从学校回家，告诉我："我们楼有一个叫×××的研究生跳楼了，是你们县的人。"我听了，心里非常难过，晚饭都没吃。现在一想起这件事，还心痛不已。我认识这个小老乡，他刚考入清华时，还来北大看过我，当时我读大三，我还请他吃了一顿饭。这说没就没了。这个小老乡到底是什么原因跳楼的，众说纷纭。但在我看来，不管是什么原因，心理脆弱是主因。之所以心理脆弱，也是"唯分数""唯升学"结出的恶果。

这些惨痛的教训，给我的警示非常之大。我告诫自己，培养孩子绝不能"唯分数""唯升学"，必须培养孩子自律自立。分数低一点儿没关系，但心态要阳光；学校差一点儿也没关系，但走出校门要能够自立。

孩子的成长是一辈子的事情，绝对不是他在上学期间考试的分数所决定的。考试分数对于孩子来说是重要，尤其是升学考试，但是不能因此就认为考试分数低、没有考上好大学的孩子就一定没有出息。俞敏洪有一句话说得好："孩子分数高是成功的标准之一，但是千万不要把它当作必然的标准，更不能当作唯一的标准。"

请家长改变一下判断孩子成功的标准。否则，你和孩子的心理都会受到伤害。

（二）驯服式的教育理念

驯服的意思是顺从。驯服的教育理念，就是用各种手段使孩子温和顺从。家长在家庭中的地位是至高无上，我说什么你都要听，听话才是好孩子、乖孩子。不管什么事情都是家长说了算，孩子根本没有表达意见的权利。如有不同意见，轻者训斥、谩骂，重者大巴掌上身，不是男女单打，就是男女混合双打。

这种教育理念其实就是封建时代君君臣臣、父父子子的教育理念。习惯于对孩子实施"绝对领导"，一贯向孩子发号施令。

驯服的教育理念会扼杀孩子的创新力。看看马戏团的老虎就知道了。常言道："老虎的屁股——摸不得。"但在马戏团，老虎的屁股不仅可以摸，它还可以顺从地钻火圈和走梅花桩。凶猛的动物之王，在驯兽员的皮鞭子和电棍子的训练下，变得那么温和顺从，毫无"野性"。

2005 年，时任国务院总理的温家宝去看望钱学森。钱学森发出"为什么我们的学校总是培养不出杰出的人才？"之问。杰出的人才是需要创新力的，而驯服的教育理念只能驯服出"乖孩子"，培养不出出类拔萃的人才。

而且驯服的教育理念还会让家庭的一些不良行为习惯世代相传。因为驯服的教育理念，导致家长在家里是一言九鼎，家长的话就是家中的"圣旨"，孩子稍有不满就谩骂，甚至殴打。谩骂、殴打是典型的不良行为习惯。孩子在谩骂、殴打中长大，将来他有了孩子也很大可能会谩骂、殴打他的孩子。于是，子子孙孙谩骂、殴打无穷尽也。

（三）灌输式的教育理念

灌输式的教育理念，在家庭教育中表现为"家长说，孩子听"，有着强烈的"独白"色彩，家长向孩子单向传输大道理。

灌输的方法，形象点说，是填鸭式教育。"填鸭"的意思是指鸭子在饲养的过程中，养鸭人用含糖量高的柱状饲料塞进鸭子嘴里使其快速增肥。

有时候，我就在想，有的家长自己都没有活明白，怎么能把孩子教育明白。以家长之昏昏，是不能使孩子之昭昭的。

"家长说，孩子听"的教育理念，孩子会觉得父母唠叨，不胜其烦，遇到逆反的孩子，还会"你说的，我偏不听"，什么事都跟家长对着干。

灌输式的教育理念，特别是告诉孩子这也不能做、那也不能做的时候，容易引发"白熊效应"。

"白熊效应"源于美国哈佛大学社会心理学家丹尼尔·魏格纳的一个实验。

实验中，他要求受试者尝试着不要想象一只白色的熊，结果，受试者的思维出现了强烈反弹，大家都很快地在脑海中浮现出一只白熊的形象。

这也是家长越不想让孩子做的事，孩子做这件事情的欲望越强，做得越来劲儿的原因。

不仅如此，孩子的一些真实想法家长也根本无法得知，家长却会抱怨孩子什么都不跟自己说。

——— **（四）虎妈式的教育理念**

有一段时期，虎妈式教育似乎很受推崇。"虎妈"蔡美儿教育孩子的方法一度在网上引起人们的热议。2011年，"虎妈"蔡美儿出版了《虎妈战歌》一书，自称"采用咒骂、威胁、贿赂、利诱"等种种高压手段，要求孩子必须沿着父母为其选择的道路努力，并为两个女儿制定了十大戒律：不准在外面过夜；不准参加玩伴聚会；不准在学校里卖弄琴艺；不准抱怨不能在学校里演奏；不准经常看电视或玩电脑游戏；

不准擅自选择自己喜欢的课外活动；不准任何一门功课的学习成绩低于"A"；不准在体育和文艺方面拔尖，其他科目平平；不准演奏钢琴或小提琴之外的其他乐器；不准在某一天没练习钢琴或小提琴。

对于虎妈式的教育理念，有人推崇，有人反对，推崇者认为，虎妈式教育会让孩子在压力下激发潜能，焕发动力。甚至还有教授说，孩子该打就得打、该骂就得骂，不打不骂教育不出来好孩子。

反对者认为，虎妈式教育会让孩子心理有创伤。有一位"90后"的年轻人说："回想自己当初接受来自父母的棍棒教育甚至来自老师的棍棒教育，你能够想象吗？我是一个算比较乖、比较听话的孩子，这样的我小学被老师用竹条打过手心，是狠狠地、揪心地、抓狂地打过。现在想来都有蚂蚁爬上心头的感觉——心有余悸。甚至到了初中还被班主任扇过嘴巴。这其中不仅要忍受来自身体的疼痛，更多的是感到一种羞辱，幼小的心灵受到非一般的冲击。我想我经受的这些，给我人生带来的只有完完全全的挫败感。对我的学业也是毫无帮助，更不用说带来的无法愈合的心灵创伤。"

看了这段话，真的非常心疼这位"90后"年轻人，他的心理阴影面积不是一般的大："现在想来都有蚂蚁爬上心头的感觉。"教育的结果呢？"给我人生带来的只有完完全全的挫败感。对我的学业也是毫无帮助。"真是家长白费棍棒力气了，孩子白受伤痛了。

虽然对虎妈式教育有褒有贬，但就我个人来说，我不喜欢虎妈式教育。在我看来，虎妈式教育就是棍棒式教育。虎妈式教育的实质是"棍棒底下出孝子"教育理念的别称。

孩子作为一个独立的个体，他应该受到尊重，棍棒、斥骂教育会在他幼小的心里留下阴影，虽然那个"虎妈"蔡美儿的两个女儿在她自己看来很成功，但批评者认为，她的两个女儿的成功，多为外在功名，如学习成绩、上名校、高收入等，显得很世俗功利。谁也无法探知她的两个女儿内心的阴影面积到底有多大。

三、亟待破除的面子文化

这里讲的面子，是指表面的虚荣。中国人大多好面子，这是不争的事实。在好面子的人看来，丢什么也不能丢面子，觉得面子就是自己的人格尊严，就是自己的生命价值所在。

古往今来，讲好面子的故事真是数不胜数。下面这个故事就把什么是好面子诠释得淋漓尽致。

有个读书人家里很穷，却又死爱面子，老是吹嘘家里有钱。小偷以为他真的有钱，某晚去他家行窃，却发现家徒四壁，一样值钱的东西都没有。小偷很生气，骂道："晦气，是个穷鬼！"然后走出门去。读书人听见了，赶紧从床头摸出仅有的几文钱，追上小偷，送给他道："你来得不巧，请把这钱拿去。不过，你到外面千万给我留点面子，不要随便说我家穷啊！"

真是丢什么也不能丢面子。这个读书人为了保住自己的面子，不惜用仅有的几文钱贿赂小偷，堵小偷的嘴。

在家庭教育的问题上，许多家长也是好面子。结果，死要面子活受罪。

（一）热衷于比孩子

好面子的家长，几乎都热衷于攀比，尤其是比孩子。比谁家的孩子上了重点高中，比谁家的孩子考上了重点大学，比谁家的孩子在什么比赛中获得了什么奖。全然不顾自己家和孩子的实际情况，只为了自己的面子折腾孩子，把孩子折腾得苦不堪言。

有位老师曾经讲过这样一件事情：有位家长，在他女儿小学毕业的时候，到处找关系，想把女儿送进当地的一所重点中学。女儿的班主任知道后，建议他："您的孩子学习基础不大好，自尊心又很强。进了重点学校后如果跟不上，反而会伤害她。"

这位家长却说："我左右邻居家的孩子都进了重点中学，我孩子如果上普通中学，就会让人笑话的。"于是，这位父亲在交了大量赞助费之后，女儿进了重点中学。

进重点中学的目的达到了，但这位父亲开心了没多久，就陷入焦虑、自责之中了。因为女儿在班里每次考试必然倒数第一，连倒数第二都没拿过。女儿在家里面对父母害怕，在学校面对同学自卑。最后，抑郁了，不得不休学治病。女儿的父母悔之晚矣。真乃务虚名而获实祸。

古希腊著名哲学家、文学家伊索在《伊索寓言》中有言：
"虚荣是灾祸的根源。"此言不虚。英国著名文学家莎士比亚
在《理查二世》中说："轻浮的虚荣是一个不知餍足的饕餮
者，它在吞噬一切之后，结果必然牺牲在自己的贪欲之下。"
此言深刻。

（二）常以伪装示人

"好面子"的人都热衷于伪装，把自己装扮成不是自己本
来的面目以赢得别人的赞许。"好面子"的家长也不例外。

我女儿上小学四年级的时候，我经常因为女儿的作业被
老师约谈，甚至在一次家长会上，我还被老师不点名地批评
了。老师点名表扬了一位家长，说她重视孩子的作业，孩子
的作业从来没有错的。不像有的家长，就给作业写个"阅"
字，错不错都不入她的法眼，云云。

那位被表扬的家长在其他家长钦佩的目光下很是沾沾自
喜，我虽然被批评了，但我真的不以为然，依然坚持给女儿
的作业写个"阅"字。

不久，我去海南出差，回北京后，婆母跟我说："老师来
家访了，问你们读过书没有，孩子的作业怎么总是错，家长
'阅'的时候，看不出来错吗？"我问婆母："那您是怎么跟

老师说的？"婆母说，她告诉老师："我儿子、儿媳都是北京大学毕业的，我儿媳是中文系毕业，我儿子是计算机系毕业，应该算读过书的。他们这么做，应该是有自己的想法。"老师很不高兴地说："那等你儿媳妇出差回来让她来学校一趟。"

第二天，我来到了老师的办公室。老师把我女儿的作业拿给我看，老师说得没错，确实是有错，被老师打了好几个叉。从那几个叉的力度来看，老师当时是非常生气的。老师还把其他同学的作业拿给我看，作业上真是一路对钩。

老师说："你看看人家孩子的作业，再看看你家闺女的作业，你不觉得自己很不负责吗？"

我被老师很负责地训了一顿。我毕恭毕敬地听老师训完了，然后跟老师解释说："我自己的孩子我怎么会不负责？只是我有自己的想法。"

老师提高了声音问："你有什么想法？说来给大家听听！"当时办公室还有其他五位老师。

我理解老师的用意，便把分贝放大了一倍说："我非常感谢您对我孩子这么负责。不仅家访，还找我谈话。但我坦诚地跟您说，我们从来不给孩子检查作业，因为学校要求要家长检查，我就给写个'阅'字，以示检查了。"

我的话说到这儿，我看那几位老师惊讶得眼睛都瞪圆了。

我不管他们瞪圆不瞪圆，继续说："我学文科，我先生学理科，给孩子检查个小学作业应该没什么问题。问题是，我们帮助她检查了，就等于给她挂上了教学的拐杖。小学、中学我们可以帮忙，上高中怎么办？作业是她自己的事情，检查作业也是她自己的事情，她没检查出来，看了老师打的叉，自己去改正，她会印象深刻。"

老师很有涵养地听了我的"长篇大论"，看我固执己见，也没再跟我废话，就让我继续"阅"孩子的作业了。

现在回头思考这件事，我认为自己当时的做法并没错。虽然那位家长帮孩子把作业改得全是对钩，并赢得了其他家长钦佩的目光，很有面子，但孩子学习的自主性、自律性大打折扣，后来那孩子仅上了一个专科学校。

要知道，伪装的面子是靠不住的，能靠得住的是自己的实力。苏联著名生理学家、高级神经活动学说的创始人、高级神经活动生理学的奠基人伊凡·彼德罗维奇·巴甫洛夫在《给青年们的一封信》中说："永远不要企图掩饰自己知识上的缺陷，即便用最大胆的推测和假设去掩饰，这也是要不得的。不论这种肥皂泡的色彩多么使你们炫目，但肥皂泡必然是要破裂的，于是你们除了惭愧以外，是会毫无所得的。"

（三）不敢否定自己

家长爱面子从另一个方面来看，是不敢否定自己和自家的孩子，也害怕别人否定自己和自家的孩子。一旦遭到别人的否定，就恼羞成怒，极力为自己和自家的孩子辩护，来维护自己和自家孩子的"尊严"。这看似维护了面子，但最终会因为没有真正的实力，而彻底没有了面子。

德国著名思想家歌德说过："虚荣是追求个人荣耀的一种欲望，它并不是根据人的品质、业绩和成就，而只是根据个人的存在就想博得别人的欣赏、尊敬和仰慕的一种愿望。所以虚荣充其量不过等于一个轻浮的漂亮女人。"

家长要从容淡定，培育自律自立的孩子，必须放弃那个"轻浮的漂亮女人"。

四、亟须调整的目标预期

一个人的压力是怎样产生的？下面这个公式回答了这个问题：压力 =（期望目标 – 现实结果）× 重要系数。

这个公式说明了压力产生的机理。压力来源于期望目标与现实结果之间的差距，而且这个期望目标对你来讲又是非常重要的东西。

如果现实结果不符合你的期望目标，而且你的期望目标对你来讲又是非常重要的，你就会产生压力。

众所周知，目标具有导向作用、激励作用、凝聚作用和考核作用。但这一期望的目标，必须是适当、适度，而不能是不切实际地好高骛远。

事实上，一些家长在养育孩子的问题上，感到压力大，心理焦虑，不能从容淡定，跟他为孩子设定了不切合孩子自身实际的错位预期目标有着很大的关系。

（一）盲目跟风的目标

一些家长在给孩子设定预期目标的时候，有的其实是很盲目的。

看到别人家的孩子学钢琴，就给自己的孩子报个钢琴班，完全不考虑孩子有兴趣没兴趣。结果，花重金买的钢琴成了摆设，孩子在课堂上乱弹，家长在课堂外等待，白白浪费时间。

看到邻居家的孩子上国际学校，就不顾家中的实际情况，想方设法让孩子进国际学校。结果自己家中经济拮据，孩子要是争气还好，要是不争气，家长只有心焦的份儿。

我在网上就看到过一个家长发的帖子，吐槽自己的苦闷焦虑。

原来，他的孩子正在一所国际学校读书，每年的学费要十几万。他家不是开矿的，夫妻俩都是工薪族。他们是节衣缩食地把孩子送进了国际学校。本以为在国际学校能提高成绩，没想到，国际学校的学生家里的经济条件绝大多数都是很富裕，他的家庭相形见绌了。于是，孩子开始自卑，还迷上了电子游戏，学习成绩总是在班级垫底。

这位家长很后悔，后悔自己当初为孩子作出的选择。虽然许多网友对这位家长"望子成龙"的心理表示理解，但也有网友批评他盲目跟风的目标。

我女儿上小学的时候，我也有过让她上哪所小学的困惑。

当时，我们院里有一所北宫门小学，距离我家5分钟的路程，在中关村有中关村一小、二小和三小。中关村一小很有名，即便是中关村三小，也比北宫门小学的名气大。但中关村距离我们家有六公里多，我骑自行车要一小时，坐公交车要四十多分钟。我熟悉的同事有把孩子送到一小的，有把孩子送到三小的。

我跟先生商量，怎么选择？先生毫不犹豫地说："这有什么可商量的，北宫门小学！"我问："为什么？"先生说："北宫门小学离家近，孩子不用起那么早，学校打铃往学校跑都来得及。中关村那么远，你一周跑一趟还可以，天天跑中关村接送孩子，孩子累，咱们也累。"

我觉得先生分析得有道理，就没有跟风，让女儿就近上了北宫门小学。

（二）好高骛远的目标

可以说，没有哪一位家长不希望自己的孩子成功、成名、成才的。但有的家长为了让孩子成功、成名、成才，不顾客观实际，绞尽脑汁给孩子设置高目标。

孩子需要用高目标来激励他成长，但这个高目标应该是符合客观实际的高目标，而不应该是好高骛远的目标。

孩子资质平平，家长却逼着他非清华、北大不上，虽然不排除有的孩子被"逼"进了北大或清华，但这毕竟是寥若晨星。

每个孩子的先天禀赋是不同的，有的孩子能逼进去，有的孩子即便家长把他逼疯也逼不进去。比如说我，数学天资就差点劲，所以高考我选择考文科。即便是考进了北大中文系，毕业许多年了还经常梦见自己拿着数学卷子不会做，甚至梦见自己数学挂科被学校勒令退学，自己哭得那个梨花带雨，醒来一身冷汗。后来，有了微信同学群，我发现许多文科同学都做过数学挂科的"噩梦"。

（三）功名利禄的目标

曹雪芹在《红楼梦》的《好了歌》中，写有这样一句话："世人都晓神仙好，唯有功名忘不了。"这说明世人对功名利禄的执着追求。

要说追求点功名利禄，也无可厚非，谁不希望自己的孩子功成名就？但不能以此为孩子的终极目标追求，将其视为孩子人生的全部价值。如果这样，孩子最终会为功名利禄所累。

他见别人有了功名利禄，自己也想得到功名利禄；等有了小的功名利禄，又想得到大的功名利禄；等有了大的功名利禄，又担心失去功名利禄。于是，他的一生都会在功名利禄、利禄功名中担忧着、焦虑着。

如果仅仅担忧着、焦虑着还好，更可怕的是功名利禄激发出他的贪念，而贪念会毁了孩子的一生。家长们不妨看看北京大学法学院毕业的袁卫华是怎样以功名利禄为目标走向毁灭的。

1996年，袁卫华头顶河南省周口市高考状元的"光环"进入北京大学法学院学习。北大毕业后，他考入中央纪委机关工作。中纪委拍摄的纪录片《打铁还需自身硬》中，袁卫华面对镜头，是无比悔恨："我的求学之路是很顺的，始终是第一，一直到北大。因为我当时对自己仕途的发展是一种比较快速的规划，希望能够尽快地进入处级这个岗位。但是这个目标情况之下，如果顺便能生活更好，那就是最好的结果了……真的特别后悔做这些事情。一方面反腐败，一方面腐败，这个确实是自己觉得挺后悔、悔恨的一件事情。"

从他的忏悔中，不难看出，他是既想当大官，又想发大财。于是，他不止一次地把工作秘密拿来做交易。

在袁卫华到中纪委工作之前，他父亲手下只有一支三五个人的小包工队，只能承接一些防水、房屋翻修的小工程，但袁卫华却帮他父亲的小作坊逐渐成为当地有名的承揽工程专业户。袁卫华则要求父亲订立遗嘱，写明"将家庭财产全部给大儿子袁卫华"。多年来，袁卫华利用自己的权力，承揽到总金额超过10亿元的工程项目。

袁卫华除了通过拿工程牟利，还收受大量财物。党的十八大之后，他仍然没有收敛、收手，泄密内容除了中管干部的问题线索，还包括重要案件的初核方案、审计报告、调查报告等，甚至帮审查对象一起分析情况，出谋划策。

要说袁卫华作为北大高才生，毕业后直接进入到中纪委工作，还曾经参与查办过慕绥新、马向东、武长顺等大案要案，可谓一路顺风顺水，前途大好。但不择手段地追求功名利禄的贪欲让他走上了不归路。

以功名利禄为目标来培育孩子，会让孩子成为精致的利己主义者。袁卫华就是如此。

五、亟待改进的教养方式

　　家庭是孩子最先接受教育的地方，父母是孩子的第一任老师，家长的教养方式会给孩子带来直接而深远的影响。孩子身上发生的问题，有许多都是因为家长的教养方式不当所引发的。孩子的问题，本质上都是家长的问题。可以说，没有有问题的孩子，只有有问题的家长的教养方式。

（一）过度控制

　　有些家长的控制欲特别强。孩子刚一呱呱坠地，甚至还没有出生，就给他规划好了一切。如果家长在被窝里规划规划倒也罢了，问题是有些家长还从被窝里伸出胳膊进行"长臂猿管辖"控制。

　　孩子吃多少饭、读什么书、高考怎么填志愿、上哪所大学、读什么专业，甚至找什么样的对象，都要在家长的掌控之中。如果孩子违背了家长的意愿，家长就会说："爱你才管你，我怎么不管别人家的孩子！""我这都是为了你好！"还控制得理直气壮、大气磅礴。

家长以爱之名实施的控制，就像一张看不见的网，把孩子笼罩其中。孩子的行动方式必须跟自己所想的相一致，孩子的活动范围不能超出自己的视野，即便是暂时不在身边，家长也会通过各种途径了解孩子的行踪。

这种过度控制的教养方式，把家长和孩子紧紧地捆绑在了一起，让孩子无奈地放弃许多想做的事，去做许多不愿意做的事。教育的结果，是男孩成了"宝妈男"，女孩成了"宝妈女"，没主见、无担当、不自律、不自立、软弱无能，遇到困难就成为鸵鸟。

（二）超高要求

家长对孩子应该有一定的要求，但要求不能超高。合理的要求会帮助促使孩子不断进步，但超高的要求会让孩子不堪其累，而且超高的要求孩子达不到理想的效果，家长也会焦虑不安。

我在网络上曾经看到过这样一个案例。有个女生读高中时学习成绩一直不错，但她妈妈依然不放心。她每天放学回家，她妈妈都提醒她，要好好学习，并给她确定了一个目标，每次考试都要考在全班前两名。如果偶尔达不到这个目标，她妈妈就鼻子不是鼻子，脸不是脸。还时常唠叨，要是考不到前两名，就上不了好大学，上不了好大学，就找不到好工作。上不了好大学，找不到好工作，就给家里丢脸。妈妈的超高要求让这个女生的心里阴影面积加大，一到考试前，就吃不好饭、睡不好觉，总怕考不到前两名。最后，抑郁了。

家长对孩子提出种种超高的要求，都会在不同程度上影响孩子的学习和身心健康发展。

超高的要求孩子常常达不到，如果家长再加以训斥、谩骂，甚至棍棒加身，孩子就会感到自卑，认为自己最差、最笨，做任何事都会缺乏自信心，将来会成为胆怯、难能自立的人。

（三）溺爱保护

每个孩子都是家里的"大熊猫"，父母的"掌上明珠"。家长是含在口里怕化了，捧在手里怕摔了，生怕有什么闪失。于是，家长们就对孩子溺爱保护，无微不至地照顾孩子。

湖南卫视有一个综艺节目叫《我家那小子》，这个节目每期邀请明星妈妈们（或其他亲戚长辈）在棚内观察明星私下生活的真实模样，了解其生活的另一面。有一期，节目组邀请了朱雨辰和他的妈妈来当嘉宾。在节目中，朱妈妈提到了自己这些年来对朱雨辰"无微不至的照顾"：担心朱雨辰上火，她每天早上4点钟就起来给朱雨辰熬梨汁，十年如一日；怕他一个人生活得不好，专门从上海飞到北京来照顾他，拍戏时也一如既往地给他做饭洗衣；不但在家照顾，朱雨辰外出拍戏，她也要跟着。无论住的是五星级酒店还是民宅，她都带着电磁炉，跟着去做饭。

这种贴心到恐怖的爱，溺爱保护，让朱雨辰不堪重负。朱雨辰曾经跟他妈妈说："你不要整得我像妈妈宝的样子。"然而他妈妈的回答是："妈妈宝的样子不可爱吗？"朱雨辰还对妈妈说过"没法过了，我会被你搞死"这样的重话。

家长如果溺爱保护孩子，孩子的事情他总是亲力亲为，会让孩子缺乏自信，做任何事情都想依赖别人，久而久之，会成为生活的低能儿。

——（四）棍棒教育

有的家长信奉"棍棒之下出孝子""孩子不打不成器"的老理儿，在孩子的教育问题上，经常采取棍棒教育的方式，还以自己是虎妈虎爸而自豪。甚至有"专家"说："不要对孩子让步，该揍就得揍。"我看了或听了这样的话，也是无语了。

我特别反对棍棒式教育，而且也决不会在自家孩子的身上实践。我跟我家先生从来没有骂过女儿，更别说打了。

且不说家长棒打孩子违反《中华人民共和国未成年人保护法》，而且还会给孩子的身心带来巨大的创伤。尤其是幼小的孩子，他本身没有任何反抗的能力，家长的棒打只能激起他内心的反抗。这种反抗会在他的心中种下怨恨的种子。

某网络论坛上曾经有一个"父母皆祸害"的小组，组里时时刻刻都有人在吐槽自己的父母，吐槽较多的就是父母对自己的打骂教育。

我在网络上还看到过这样一段话："从我父母那一代说起，（20世纪）六七十年代，不管是男孩子还是女孩子，被父母打是一件很正常的事情，如果说哪家孩子没被打过，简直就是奇迹。"

奇迹总是有的。在我的身上就发生过这样的奇迹。我父亲读过四年书，我母亲大字不识一个，但他们在教育我和姐姐的问题上，却从来没有实施过打骂棍棒式教育。

我印象很深的是我在上小学4年级时的一件事。期中考试，我因为贪玩，算术考了61分，我觉得很惭愧，中午放学时，就没好意思回家吃饭。

下午快要上课之前，我妈妈来到了学校，找到我。她从怀里掏出一个小布包，拿出几张小饼，微笑着对我说："妈妈给你烙了几张饼（用土豆淀粉和地瓜做成的），趁热赶紧吃了好上课。"

原来，妈妈看我放学没回家，就向我的同学打听是怎么回事。她知道原因后，就赶紧烙饼给我送到了学校。

我觉得这几张饼绝对比棍棒管用。从此之后，我的学习再也没有让父母操心过。

虽然网络上不时有孩子在父母的棍棒教育下成才的故事，例如狼爸萧百佑"一天三顿打"，把三个孩子"打"进北大，最小的女儿"打"进了中央音乐学院。

据萧百佑自己介绍，在他的大儿子3岁之时，他就准备了藤条和鸡毛掸子。只要儿子在学习的时候闹脾气，他就拿起藤条抽他的掌心，后来发现这样做儿子的成绩确实突飞猛进，他便对自己的其他三个孩子也实行这样的教育方式。

尽管萧百佑的成功坚定了许多家长对于棍棒教育孩子才能有出息的观念，但我依然对棍棒教育持反对的态度，而且坚决反对。

棍棒式教育方式，危害甚大，而且无穷。看到过一个真实的案例，一个男孩是在父母的皮鞭棍棒教育下长大的。小时候他没有反抗能力，任其父母打骂。到了他15岁的时候，他有了反抗能力。

有一天，他母亲打他的时候，他夺下了母亲手里的擀面杖，接着就用手掐住了母亲的脖子，说要把母亲掐死。随后，他又给父亲发短信，说掐死母亲就灭了父亲。后来，权威医院诊断，这个孩子在长期的棍棒教育下患了早期精神分裂症。媒体上也有过孩子死于家长之手的报道。

棍棒打出来的孩子，幸福度一定不会高，内心的阴影面积却一定大。教育本身是一个唤醒过程，要用爱去唤醒爱，我就是被母亲的爱唤醒的。

家长是孩子生活中的榜样，家长的棍棒教育会让孩子误以为棍棒就是解决问题的手段，他会模仿而效之。如此一来，棍棒教育不仅毁了儿子，也会毁了孙子。子子孙孙毁不尽也。

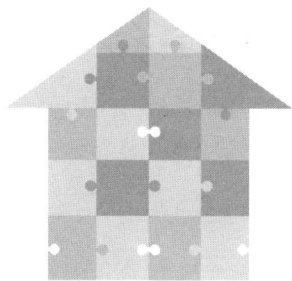

第二章

家长要做的
最重要一件事

古希腊著名科学家阿基米德说："给我一个支点，我就能撬起整个地球。"在家庭教育中，家长要撬动孩子的教育问题，也需要有一个支点，这个支点就是科学思维。

在家庭教育中，家长有许多事情要做，但最重要的事情，只有一件。这就是要破除迷信思维，确立科学思维。

所谓迷信思维，不是指对神仙鬼怪的盲目信仰，而是指"对某种事物或观点、道理缺少科学论证基础的信仰"。这是深圳超极文化传播有限公司创办人顾骁先生的定义，我借来一用。

与迷信思维相对的是科学思维。所谓科学思维，是指符合认识规律、遵循一定的逻辑规则，并能达到正确认识结果的思维。它的总纲就是逻辑与实证。说得通俗点儿，就是观点、道理是否正确，不是由书本、专家说了算，而是事实证据和教育效果说了算。事实证据和教育效果为王。

　　孩子的问题看起来很是复杂，厌学、逃学、拖拉、自私、叛逆、说谎、娇气、自卑、偷窃、嫉妒、攀比、胆小、早恋、厌食挑食、游戏上瘾、注意力不集中等。这些问题别说解决了，就是看着，都会觉得头大。

　　其实，孩子的这些问题看起来很复杂，不容易解决。但家长只要牵住了牛鼻子，抓住了问题的根本，就釜底抽薪了。如果只从孩子的问题现象入手，逐一找方法来解决，那只会按下这个葫芦浮起那个瓢。而家长确立了科学思维，就像推倒第一块多米诺骨牌似的，剩下的问题就会迎刃而解。

一、立足于现实问题的实践思维

实践思维，是立足于现实问题的分析与解决的思维活动。这种思维的树立，有益于解决家长"认死理"的僵化思维问题，从而有益于解决孩子的现实问题。

（一）实践思维是"认死理"的克星

我在前面说过，"认死理"，是固执地坚持某种道理或理由，不知变通。

"认死理"，只认定道理或理由的正确，而忽视客观现实的变化。在家庭教育中，认死理的家长总是用认定道理或理由来教育、指导、规范孩子，而不管这认定的道理或理由是否适用于自己的孩子。用别人家的钥匙来开自己孩子的锁。结果，锁没有打开，却导致了亲子对立、孩子逆反等问题。

家长要解决"认死理"的问题，需要培养实践思维。实践思维是"认死理"的克星。

"认死理"的家长，总是以自己认定的道理或理由为标准来衡量孩子。当孩子的行为与家长认定的道理或理由相悖时，家长不去反思自己掌握的道理或理由是否适合自己的孩子，而是谴责孩子"不听话""不懂事"。

实践思维是从不断变化发展的实践出发，把人的活动理解为一个历史过程，从而克服了形而上学思维方式的静止性。

而具有实践思维的家长，不把掌握的道理或理由当作教条，生搬硬套到自己的孩子身上，而是根据自家孩子的特点用正确的道理来指导自己培育孩子。

每个孩子有每个孩子的性格特点和先天禀赋，对孩子的教育培养就要因材施教。早在两千多年前，孔子就明白这个道理。

有一天，孔子的学生子路问孔子："听到了是不是马上见之于行动？"孔子回答说："有父亲哥哥在，怎么能不向他们请示就贸然行事呢？"

过了些天，孔子的另一个学生冉有也问孔子同样的问题，孔子回答说："听到了当然要马上行动！"

这两次谈话，孔子的学生公西华都听到了。对同一提问，孔子做了截然相反的回答，公西华带着疑惑不解的心情问孔子："先生，子路问您听到了就行动吗？你回答说要征求父兄的意见；冉有问听到了就行动吗？您说听到了就马上行动。您的回答前后不一致，我弄不明白！"

孔子回答说："冉有办事畏缩犹豫，所以我鼓励他办事果断一些，叫他看准了马上就去办；而子路好勇过人，性子急躁，所以我得约束他一下，叫他凡事三思而后行，征求父兄的意见。"公西华听到孔子的回答，茅塞顿开。

孔子正是根据这两个学生的不同性格特点，对他们实施不同的思想教育。

（二）实践思维是用教育效果来说话

实践思维是以效果为导向的思维。就家庭教育来讲，教育效果才是硬道理。

效果是人的行为所要追求的目标，人们的一切实践活动都是要追求效果的。不追求效果，只管动机，就好比医生给病人看病，只管开药方，而不管病人的病是否治疗有效一样。

家长对孩子的教育培养也是如此。家长不能从专家那里拿来一个"教育药方"，就生搬硬套地给自家的孩子服用。这样做的结果，不但不能解决孩子原有的问题，还会让孩子产生新的问题。

对于某些"教育药方"，家长不能只看多少人在用，不能只看专家怎么鼓吹、商家怎么宣传，而要看对自己家的孩子是否有效。

有些家长看到"教育药方"在自家孩子身上失灵，他不去反思质疑"教育药方"，而是去怪罪孩子。实践思维告诉我们，有些道理或理由没有普遍意义，有些道理或理由可能已经时过境迁。

家长教育孩子，必须用教育效果说话。这就意味着家长面对"教育药方"，要有正确的判断能力，该弃之则弃之，该扬弃则扬弃，该使用则使用，一切以孩子的教育效果好坏为标准。

（三）培养实践思维要敢于挑战权威

"认死理"的家长，从根本上来说，是具有权威型思维定式。

所谓权威型思维定式，是在对事物的认知和对是非的判定上，缺乏自我独立思考的意识，而盲目地依附于权威。只要是权威人士所说的，就奉之为经典，以权威之是非为是非，以权威之认同为认同。

要知道，权威虽然可以使我们节省了许多探索的时间和精力，但家长如果过分地迷信权威，就会墨守成规，并最终失去自我，在孩子的教育问题上掉进"死理"的陷阱。

家长培养实践思维，要敢于挑战权威。权威，有着不同的义项。比如，使人信从的力量和威望；在某种范围里最有地位的人或事情。我这里讲的"权威"主要指后者。

权威是可以挑战的。伽利略如果不对权威进行挑战，就没有"两个铁球同时着地"的著名实验。

两千多年前，亚里士多德曾经说过，两个铁球，一个 10 磅重，一个 1 磅重，同时从高处落下来，10 磅重的一定先着地，速度是 1 磅重的 10 倍，即"物体下落速度和重量成比例"。

这种说法在当时是一个很具权威的结论。然而伽利略不迷信这种权威结论，于 1590 年在比萨斜塔上做了"两个铁球同时着地"的著名实验，从此推翻了亚里士多德的学说，纠正了这个持续了 1900 年之久的错误结论。

据说，拜火教创始人查拉图士特拉决心独自远行。在临行前，他对自己的弟子和崇拜者说：你们衷心地追随我，数十年如一日。我的学说你们都已经烂熟于心，出口成诵了。但是，你们为什么不扯碎我头上的花冠呢？为什么不以追随我为羞耻呢？为什么不骂我是骗子呢？只有当你们扯碎我头上的花冠、以我为羞耻并且骂我是骗子的时候，你们才真正掌握了我的学说！

查拉图士特拉的故事应该能给各位家长以深刻的启示：要尊重权威，但不为权威所抑制、所束缚。

二、坚持"两点论"的辩证思维

辩证思维，是一种以变化发展的视角认识客观事物的思维方式。具有辩证思维的家长，能以动态发展的眼光来观察孩子的问题、分析孩子的问题和解决孩子的问题，并能坚持"两点论"，避免"一点论"；遇事不会"一根筋"，也不会"走极端"，不偏颇，不偏激，不绝对化。

（一）克服"一根筋"的一剂良药

"一根筋"是比喻那些性格偏执或固执、死板不开窍、认死理不知变通、做事一条道跑到黑的人。在家庭教育问题上，有的家长也是"一根筋"。

这种"一根筋"突出表现在培养孩子的目标上，特别地功利化，逼着孩子成龙、成凤。结果，逼成龙、逼成凤的是小概率事件，虽然寸草难生的沙漠地带，有时也能长出几棵几千年不倒的胡杨树，奇迹有时候真会出现，但大概率的事件是把孩子逼成了"跳蚤"，而且家里还搞得鸡飞狗跳，亲情关系一团糟，有的甚至把孩子逼上了绝路。

近些年来，每年高考之后，都有考生因为成绩不佳而自杀的案件。比如说，《成都商报》2016年7月5日报道："4日上午，遂宁警方官方微博发布警情通报，6月25日涪江二桥发现的男性尸体，经查系一名高三毕业生，高考成绩出炉后与父亲发生争吵，随后给母亲发短信'对不起，我走了'。"

原来，这位考生因为高考未取得理想成绩和父亲起了争执，导致考生自溺身亡。虽然媒体没有披露父子争论的内容，但从这位考生毅然决然赴死来看，他的自尊心一定是受到了父亲的伤害。

可以判断，这位自杀考生的父亲，是个"一根筋"，在儿子的培养目标上功利化。好像儿子的发展只有高考这一条路。如果他不是这样的思维，而是安慰一下高考失利的孩子，鼓励孩子再接再厉；如果不想继续高考，可以找个事情做，人生不是只有高考一条路，人生也不一定非要成龙、成凤，做个普通人也没什么不好。普通人也能干出一番不普通的事业来。事情可能就不会是这样的结果。

（二）辩证地看待孩子身上的问题

家长看发生在孩子身上的问题，一定要全面，不要片面。片面了，就会只见树木，不见森林；攻其一点，不及其余。家长只有全面地看发生在孩子身上的问题，才能既看到孩子身上存在的不足，也会看到孩子身上具有的优点。

前些年，在我们学校家属院的门口，有一位李姓出租车司机总是在趴活。我每次去机场都会坐他的车。因为经常坐他的车，我们两个就很熟络了。我上车后，我们就经常有一搭无一搭地聊几句。

但有一次，我上车之后，他很郑重地对我说："刘教授，我真羡慕你们这些教授的孩子，有的学问有成，有的在国外留学，有的在国外生活。不像我们家的孩子，就上了一个'三本'，勉强找了一个汽车修理厂的工作。我一想就心里不爽，郁闷焦虑。"

听了他的话，我问他："您孩子跟您一起住吗？"他告诉我："孩子结婚了。老屋拆迁，我家分了三套房，现在儿子住一套，我和老伴住一套，另一套出租了。"以下是我们两个人的继续对话：

"李师傅，您这还心里不爽、郁闷焦虑？有多少人羡慕您家有三套房啊，连我都羡慕。"

"这我倒是不郁闷、不焦虑，我郁闷、焦虑的是我儿子没出息。"

"您儿子经常回家吗？"

"经常回家。每到休息的时候，他们小两口就回来了，还给我们老两口做点他的拿手菜。"

"李师傅，您这还郁闷、焦虑，那让其他人还怎么活呀？您别看那些教授的孩子学问有成，国外留学，国外生活，但一年到头也见不到个人影，只能视频上见，更别说给他们做拿手菜了。您这是在享受天伦之乐啊！"

"那要这么看，我儿子还不错啊！"

"那当然，您的车要有问题，都不用去汽修厂，您儿子在家就给您修好了。您家里要是有点事需要儿子搭把手，一个电话儿子就回来了。那些孩子在国外留学、生活的教授们则是望尘莫及呢！"

到机场了。李师傅高兴地说要免我的车费。当然我不会占李师傅的便宜，人家跑出租也不容易。

李师傅为什么对孩子不满意？主要原因就在于他没有全面地看孩子，他只看到孩子没有考上好大学的不足一面，没有看到孩子陪伴在他身边，对他孝顺的一面。如果他全面地看一看，他就不会心里不爽、焦虑不安了，他会很开心地跟儿子欢度周末，吃着儿子为他做的美味饭菜。

这就是"这方面不好，那方面好"。

家长不仅要全面地看发生在孩子身上的问题，还要学会动态地看孩子的成长进步。事情总是在不断地变化，世界上永远不变的就是"变"。有的家长因为孩子某一次考试没有考好，就焦虑不安；孩子某一次发了点脾气，就视为大逆不道。这是大可不必的。

《淮南子·人间训》中，曾经记载过这样一个故事：

在长城边上，住着一个精通骑术的人。

一天，他家的马不知道因为什么缘故逃到胡人那边去了。人们都来安慰他，他父亲却说："这又怎么能知道它不是福气呢？"

过了几个月，那匹马竟带领着胡人的骏马回来了。人们都去祝贺他，他却说："这又怎么能知道它不是祸害呢？"

家里多了好马，他儿子喜欢骑马。一天，儿子从马上摔下来，摔断了大腿。人们都来安慰他，他却说："这又怎么能知道它不是福气呢？"

过了一年，胡人大举进攻，进了长城内，壮年男子都拿起武器作战。靠近长城一带的人，绝大多数都战死沙场。他儿子却因为腿瘸的缘故（没有被征去打仗），父子得以保全性命。

这就是我们常讲的"塞翁失马，焉知非福"。好事可以变成坏事，坏事也可以变成好事。这正如老子所说的"祸兮福所倚，福兮祸所伏"。

动态地看问题，就是"现在不好将来好"。

（三）培养辩证思维要掌握辩证法

辩证思维是辩证法在思维中的运用。因此，家长要培养辩证思维，就需要掌握辩证法。只有家长好好学习，孩子才能天天向上。

培养辩证思维，就要坚持辩证法的全面性，避免形而上学的片面性，不能以偏概全。这一点，对于全面地认识孩子很重要。

我有一个朋友，看问题有些片面，尤其是在看自家的孩子时，更是片面得厉害。因为她在管教孩子时，属于控制型的家长，虎妈一枚。孩子被她控制得都有点抑郁了。

她经常在电话里跟我吐槽，说自己命不好，养了一个不听话的孩子，这也不行，那也不是，似乎孩子身上一点优点都没有。

有一天晚上，她又跟我吐槽时，我对她说："你一会儿放下电话后，什么都别干，就罗列出孩子的优、缺点，罗列好之后，明天晚上咱们再通电话。"

第二天，她打电话来了，很高兴地告诉我："我儿子还有许多优点呢！他关心公益事业，他喜欢帮助别人……"她对儿子的看法改变了。慢慢地她的心情变得敞亮了，对孩子的态度也有了很大的改变，孩子的情绪也随之而好转。

培养辩证思维，就要坚持辩证法的动态性，用发展的观点来看问题，不要因循守旧。就家庭教育来讲，世界已经进入现代文明社会了，而有些家长的教育理念和教育方法还停留在封建时代。

经常听到有的家长说，我是他爹，他必须听我的。每当听到这话，我就气不打一处来。你说得对，孩子要听你的；你要是说得错了，干吗还要听你的？就因为你是爹？

培养辩证思维，就要坚持辩证法的相对性，避免绝对化地看问题。生活不是非黑即白的黑白世界，不是非对即错的逻辑开关；世界上没有绝对公平的事，世界上也没有绝对完美的人。

家长对孩子的要求、看法不要绝对化，别人家的孩子学习成绩好，就觉得是一好百好；自己家的孩子成绩差，就认为是一差百差。这不仅对自家的孩子不公正，对自己的身心健康也不利。

三、能独立进行思考的独立思维

说一句不客气的话，有的家长没有独立思维，习惯于人云亦云、随大流，这也是从众思维大行其道的一个很重要的原因。

家长没有独立思维，就没有独到见解，没有独到见解，就难能培养出自律自立的孩子。

独立思维是能善于独立地发现、分析和解决问题的思维方式。

（一）改变从众思维的最有效路径

独立思维是从众思维的对立面。家长要改变从众思维，就需要具有独立思维，能独立地思考问题。

具有独立思维的家长，能够独立地思考问题，而不受他人的影响和暗示。即便是别人都认同的道理或理由，他也不会盲目地接受，而是能经过自己大脑的独立思考去做出选择和判断。比如说，有一段时间，有艺术特长的考生在中考或高考时可以加分，于是，有的家长就不管孩子是否具有艺术天赋，逼迫孩子学绘画、学钢琴、学吹号，等等，学得五花八门，不一而足。但我认识的一位朋友，却认真地分析了自家孩子的特点，坚决不跟风。她对我说："与其浪费时间学这学那，还不如花点时间培养孩子好的学习习惯，让他提高学习成绩，通过好的成绩升高中，考上心仪的大学。"

这种独立的思考，让我的这位朋友心态从容淡定，而她的孩子也不用跟随着父母"南征北战"地奔波于各种培训班。而她的孩子也是相当的自律自立，各个方面都不用她操心，中考时，考进了人大附中；高考时，考上了中国科学技术大学。

关于"独立思考"的重要性，德国著名哲学家亚瑟·叔本华说得很清楚。他说："一种纯粹靠读书学来的真理，与我们的关系，就像假肢、假牙、蜡鼻子甚或人工植皮。而由独立思考获得的真理就如我们天生的四肢：只有它们才属于我们。"

独立思考，才能克服教条主义和拿来主义，思想才能不僵化。如果家长秉持着教条主义，就会一切从本本出发，只要是书本上说的就视为"圣经"；如果家长秉持着拿来主义，就会不管自家孩子的实际情况，完全照搬照抄他人的理论来解决自家孩子的问题；如果家长思想僵化，就会完全沉溺于陈旧的教育理念中而不能自拔。在我看来，那种追捧"棍棒教育"的家长，其实就是思想僵化者。世界早已进入到现代文明社会了，而有的家长的思维依然停留在封建时代，把棍棒体罚当作教育孩子的主要手段。真是可悲可叹！

（二）只有家长独立孩子才能自立

　　网络上、现实中经常会有家长抱怨孩子不能自立。这里，我不妨问一句："作为家长，你的思考独立了吗？"假如你的思考尚且不能独立，孩子怎么可能自立？家长能够独立思考，孩子才能自律自立。

　　在我看来，有的孩子不能自律自立，很大程度跟家长思考活动"随大流""盲从"有关。

　　"随大流""盲从"其实就是思想上的一种依赖，自己懒得思考或不会思考，因此，只能根据别人的行为状态来决策自己的事情。别人家的孩子上兴趣班，我家的孩子也跟着上；别人家的孩子进了国际学校，我家的孩子也不能在国际学校的门口观望。思想上的依赖导致了行为上的依赖，久而久之，就形成了"路径依赖"。

　　所谓"路径依赖"，是指人们一旦选择并进入了某一路径，就会像火车开动一样，惯性的力量就会驱使他们对这一路径产生依赖。

从某种意义上讲，人们的一切选择都会受到路径依赖的影响。人们过去做出的选择，决定了他们现在的选择；人们现在做出的选择，决定了他们未来的选择。

著名的"马屁股规则"，就为上述的观点做了非常形象的注解：

在美国犹他州的航天飞机推进器生产厂里，员工们都知道，每个推进器的直径宽度不得大于4.85英尺（1.47828米）。

为什么推进器的直径宽度不得大于4.85英尺呢？这是马屁股的宽度所决定的。

马屁股的宽度怎么能决定高、精、尖的航天飞机推进器的直径宽度呢？

原来美国铁路两条铁轨之间的标准距离是4.85英尺，而在运送推进器时，火车可能要经过许多的隧道，但那些隧道的宽度仅比路轨宽一点点，超过4.85英尺，火车就可能无法运送推进器。

为什么美国铁轨的标准距离是4.85英尺呢？因为美国最早的铁路是由英国人设计的。

那么，英国设计师为什么选用4.85英尺作为两条铁轨之间的标准距离呢？因为这是英国电车轨道的标准距离；但电车车轨的标准距离又是依据什么确定的呢？答案是依据马车的轮距来确定的，因为最早设计轨道的设计师是造马车的。

那么英国马车的轮距为什么是4.85英尺？因为超过4.85

英尺，马车将无法在英国的老路上行驶，老路上的辙迹宽度是罗马人定的，因为罗马人战车的宽度是 4.85 英尺。

但罗马人为什么将战车的宽度定为 4.85 英尺呢？答案让人哑然失笑，因为这是拉战车的两匹并排战马合起来的马屁股宽度。

从航天飞机推进器，到两匹马的马屁股，这本是风马牛不相及的事情。但路径依赖，却一步一步使马屁股的宽度决定了航天飞机推进器的直径的宽度。[①]

人们在社会中生活，都会在不知不觉中形成"路径依赖"。这种路径依赖一旦具有，"罗马人马屁股的宽度就将决定着航天飞机推进器的直径宽度"，最终使自己画地为牢。

家长要培育自律自立的孩子，首先就得摆脱路径依赖，从惯性、从众的思维中抽身而出。否则，家长跟孩子的前进轨道可能就只有 4.85 英尺宽。

——（三）培养独立思维要有质疑意识

"学起于思，思源于疑。"只有疑问，才能激发探究的欲望。西方哲学史曾经记载过这样一则故事：

一天，罗素问大哲学家穆尔："谁是你最好的学生？"穆

---

① 资料来源：逍遥梓 BLOG，《马屁股规则》，2006 年 10 月 14 日新浪网。

尔毫不犹豫地回答："维特根斯坦。""为什么？""因为，在我所有的学生当中，只有他一个人在听课时总是流露出迷茫的神色，老是有一大堆问题问我。"

后来，维特根斯坦的名气超过了罗素。于是，有人问维特根斯坦："罗素为什么落伍了？"维特根斯坦回答道："因为他没有问题了。"

缺乏质疑意识，是不能独立思考的一个重要原因。能独立思考的人，对任何问题、任何事物都能问一个"为什么"，并能很快地进入思考的状态，即有强烈的质疑意识。他们爱提出疑问，并且努力地探求原因，寻求答案。相反，不善于独立思考的人，对任何问题、任何事物都视而不见、熟视无睹、充耳不闻、无动于衷，即缺乏问题意识。

古人认为："大疑则大悟，小疑则小悟，不疑则不悟。"不善于质疑，只是一味地相信，"凡是书本上写的便是正确的，凡是前人说的便是真理，迷信书本，崇拜前人，不敢越雷池一步"，这样的人，自然不会有什么独到的见解。

培养独立思维不仅要有质疑意识，还要养成独立思考的习惯。现实生活中，许多家长每天忙于具体工作、具体家务，很少能够腾出点时间来进行独立思考。结果，遇到问题，就只能人云亦云了。

家长要养成独立思考的习惯，需要清除怠惰因子。我们中华民族向来以勤劳著称，但也毋庸讳言，我们的头脑中也有怠惰因子。

怠惰因子表现在家庭教育上，是家长习惯于接受"圣人"、精英、专家的教诲，而懒于独立思考；习惯于接受别人现成的经验，懒得自己多做分析。

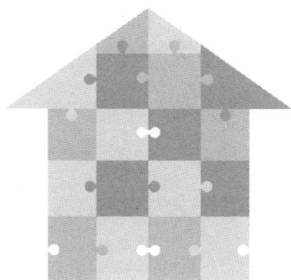

第三章

——

用现代教育理念养育孩子

事实证明，孩子身上存在的一些问题，不仅跟家长的思维方式有关，也跟家长的教育理念有关。陈旧的教育理念，养育不出在现代社会中游刃有余的孩子。

教育理念是教育行动的先导。家长要从容淡定，养育自律自立的孩子，必须从陈旧的教育理念中觉醒，摆脱滞后的教育理念，用现代教育理念来养育孩子。

一、培养孩子健全人格的
"以人为本"理念

"以人为本"是我们一直所强调的。"以人为本"的"人"不是抽象的人，而是具体的人。在家庭教育中，"以人为本"就是"以孩子为本"。

在许多家庭特别是孩子出现问题的家庭中，家长的教育理念是"以分数为本"，以分数为中心、为重心。孩子教育的一切都是围绕着"分数"这个指挥棒转。分数上不去，家长就焦虑；家长越焦虑，就越想控制孩子，恨不能一天 24 小时孩子都在刷题。

"以孩子为本"的教育理念，就是要尊重孩子、理解孩子，承认孩子的差异性，承认每个孩子都有独特的先天禀赋、情感世界和思维方式。家长要在尊重差异的前提下，用更适合孩子的方式养育孩子。而不能像大工厂生产产品那样，按照统一的生产流程和标准模式养育孩子。

（一）健全的人格比分数更为重要

"以孩子为本"的教育理念，重视的是孩子"德才兼备"的发展，而不是以成绩好考上名牌大学为目标。孩子的成绩固然重要，但健全的人格更为关键。没有健全的人格，即便是成绩耀眼，考上了名牌大学，也是家庭和社会的灾难。北京大学经济学院 2012 级学生吴谢宇，就是一个典型的例子。

吴谢宇是个"90 后"，2012 年他被北大提前录取，进入经济学院读书。吴谢宇打小就是学霸，是别人家羡慕的孩子。但就是这个学霸，却在 2016 年 2 月 14 日，把他的母亲谢天琴杀死在家中。

以前，我还看到过留日男生汪某浦东机场刀捅母亲顾某的新闻报道。

汪某从日本回国，落地机场后，从托运的行李中取出一把水果刀，对着前来接机的母亲连刺 9 刀，胃、肝全都被刺破了。

一对母子有什么深仇大恨，儿子要置母亲于死地？对于向母亲行凶的原因，汪某接受采访时说："在机场她还是说没有钱，不会给我钱，甚至说不可能给我钱，还说要钱的话就只有一条命了这种话，我脑子一下子空白，冲上去就捅了她。"

不给钱就捅人？这是什么逻辑！"我脑子一下子空白"，说明这个汪某人格非常不健全，一句话就把他刺激得疯狂了。

顾某的亲属说，汪某留学日本 5 年，从不打工赚钱，学费、生活费都靠他母亲每月 7000 元的工资来支出。为了儿子，母亲顾某曾多次向朋友借钱。这次，顾某可能真的凑不到钱。顾某的妹夫说，平时姐姐对儿子很是呵护，亲属们没想到会发生这种事。

曾经的北大学生吴谢宇和留学日本的汪某都是人格不健全者，他们杀母刺母案，对社会、对家庭都是警示：孩子健全的人格比分数更重要。

（二）给孩子扣好人生第一粒扣子

一些家长对孩子物质上的需求应该说是非常了解，早上变着花样给孩子做早餐。媒体报道，有位妈妈为孩子做的早餐，一个月不重样！

但是，有的家长却忽略了对孩子价值观的了解。家长应该知道，价值观是一种处理事情判断对错、做选择时取舍的标准，它决定着人的价值取向，决定着人实现价值的行为方式，对孩子人生道路的选择具有重要的导向作用。这是万万忽略不得的。这就像穿衣服扣扣子一样，如果第一粒扣子扣错了，剩余的扣子都会扣错。

一个人走什么样的人生道路，选择什么样的生活方式，选择什么样的工作态度，都是在一定的价值观的指导下进行的。

价值观是一个抽象的概念，家长怎样才能读懂孩子的价值观？简单来说，孩子对有益或有害的事物评判的标准就是他的价值观。

全国教育系统劳动模范、全国模范教师刘可钦倡导："作为家长要学会问孩子三句话——今天学校有什么好事发生？今天你在学校过得怎么样？有什么需要爸爸妈妈帮助的？通过这三个问题，家长可以体察孩子的价值观，知道孩子眼中的好事情和不好的事情到底是怎么一回事儿，帮助孩子了解自己、了解他的同伴和班级，并在问问题的过程中表达自己对孩子的关心。"[1]

我觉得刘可钦老师的倡导很不错。除此之外，家长也可以通过日常生活中孩子的行为表现来读解孩子的价值观。

我女儿两岁多一点的时候，姥姥推着她到院子里玩，突然她发现小推车的前面有一分钱，她欢快地喊："钱！钱！捡！捡！"姥姥不捡，她就大哭。姥姥捡起来，她就笑得阳光灿烂。

姥姥当作好玩的事情讲给我听，我当时没怎么在意。后来发生的一件事情，让我警觉了。

我女儿小时候，她有一个独立的小房间，她三岁时的一天，她爸爸要用她的房间。跟她商量时，她说，可以，用一

---

[1] 刘可钦：《只有读懂孩子 才能真正教育孩子》，《现代教育报》2014 年 10 月 8 日。

次给两元钱。

联想到一分钱的事情，我觉得事情不是好玩了，而是她的价值观的问题。她看到自己想要的东西可以用钱能买到，就对钱产生了莫大的兴趣。我跟先生说，咱家闺女怎么长了个"元宝脑袋"。

随后，我们注意了引导，让她人生的第一粒扣子没有扣错。

——（三）多维度读懂孩子的内心需求

"知己知彼，百战不殆。"家长要践行"以孩子为本"的教育理念，需要多维度读懂孩子的需求。多维度读懂孩子的需求，这也是家长培育自律自立孩子的一个前提条件。

盲人不会因为你送给他穿衣镜而感谢你。孩子也是一样，你不读懂他的需求，即使你竭尽所能地给予他，他也不一定开心高兴。

读懂孩子的兴趣点。兴趣，是引导孩子学习的最好老师，是孩子走进成功大门的一把钥匙。著名教育家孔子早在两千多年前就说过："知之者不如好之者，好之者不如乐之者。"孔子的意思是说，懂得学习的人比不上喜爱学习的人；喜爱学习的人比不上以此为乐的人。

有个小女孩，偶然发现蚯蚓断成两截之后，两截都在蠕动。她觉得很惊奇，就把那两截蚯蚓放在家里两盆有土的花盆里，想看看它们还能不能成活。

母亲发现后，批评她把花盆的土弄得满地都是，还骂她不好好学习，玩蚯蚓没出息，就把蚯蚓和土给扔了。国家教委的一位老领导在一次会议上谈到这件事情之后，感慨地说："你看，这么一骂、一扔，就给未来的中国断送了一位女科学家。"

事实证明，选择比努力更重要。家长不能从自己的意图出发，给孩子选择成长的路径，而应该善于发掘孩子的天赋兴趣，然后引导、培养，将孩子的天分变为特长。

如果家长不去发掘或者发掘错了方向，孩子的天赋可能会因此而被埋没；如果家长"牛不喝水强按头"，根据自己的兴趣强迫孩子去学什么，最后，很难有一个让他满意的结果。

在孩子找到他最喜欢的那个兴趣之前，家长能做的，就是细心、耐心地观察孩子的优势，多带孩子进行体验尝试。

我女儿三岁半的时候，有一天晚上，她突然跟我说："妈妈，我要学弹琴。"

"为什么要学弹琴？"

"山山、小雨他们都学弹琴。"山山、小雨是她在楼下经常一起玩的小伙伴。

"你喜欢弹琴？"

"喜欢！"

我想起最近总看到她用手指敲桌子，有一回坐公交车她还用手指敲前面的座椅，可能在"练习弹琴"。

我想，既然女儿说喜欢弹琴，那就试试看。尽管我怀疑她是否真的喜欢，是否有音乐的天赋。因为我跟先生五线谱都认不全，唱歌更是走调得离谱。

但周末的时候，我还是跟先生带着她去买了一个卡西欧电子琴。因为当时我们没钱买钢琴，再说，就是有钱，我也不会立即为她买钢琴，要是买了钢琴，她再不喜欢弹了，买的钢琴就废了。

买了电子琴，就得学啊。我为女儿找了一个四个孩子学琴的培训班，开始学琴了。

第一次她弹得兴趣高昂，第二次就兴趣大减，第三次则乱弹一气了，还翻出书包掏出从家带的面包、橘子汁在课堂上大吃大喝。

晚上，家长和老师都给我打电话，说你家孩子自己不学，就老老实实坐着，别乱弹、乱吃、乱喝，影响别人。

接到电话，我很正式地跟女儿进行了一番谈话。我给了她两个选择：一是继续学琴，但要遵守课堂纪律；二是可以不学，退班。她选择了后者，并提出要学画画。

我尊重了她的选择，并给她报了一个国画班。进了国画班又重复了"弹琴的老调"。第一次，她画得很认真；第二次就用笔把宣纸捅了两个小窟窿，当作望远镜，四处看；第三次老师一看她不想画了，就让她上讲台帮着抻画纸了。

这一抻就抻了三次。我一想，我这每周末都陪着她来抻画纸，这成本也太大了。于是，我又跟她进行了第二次正式谈话，谈话的结果是她放弃了学国画。

体验了这两次之后，我跟先生探讨，孩子的兴趣点到底在哪里？先生说，闺女的观察能力、表达能力强。我觉得先生说得对。

我女儿两岁的时候，她小姑来我家，她跟在小姑身后，拽着小姑的裙子下摆说："妈妈的、妈妈的。"姥姥以为她骂人，告诉我："这孩子这么小怎么会骂人？"我告诉姥姥："我有一件裙子跟她小姑的裙子一模一样，她是把小姑的裙子当成我的裙子了。"姥姥这才释然。

既然观察能力和表达能力强，我们决定引导她朝演讲和写作方面努力。我认为，演讲和写作是孩子成长的基本功。当众演讲还可以增强她的自信，写作则有益于她的观察、思辨能力的提高。

我们家正好离颐和园、香山和圆明园都很近，因此，每到周末，我们就带着她到这几处公园或动物园、植物园、博物馆游览参观，回来后，让她站着讲述她看到的东西和观感。为什么让她站着讲？因为站着讲有益于演讲水平的提高，我还跟她比赛编观感的儿歌，让她爸爸当裁判。

等到她会认字、能写字的时候，我告诉她，你把想讲的东西写下来，就是文章了。她就开始记述自己的演讲内容。

经过一段时间的体验，我认为，女儿确实对演讲和写作很有兴趣，而且也有一些天赋。因此，再也没有出现过"乱弹琴"的问题。

通过我们有意识地引导、培养，女儿的演讲与写作能力提高得很快。四年级的时候，就在《中国少年报》上发表过多篇文章；中学毕业时，她利用假期写了一本杂文集《实话闲说》，由深圳海天出版社作为本版书出版。

《实话闲说》出版前，还有一段花絮。编辑不相信是一个15岁的孩子写的，专门利用来北京出差的机会，到我家跟我女儿谈了半小时。编辑谈话之后告诉我："刘老师，这书确实是你女儿写的，你写不出她的感受。"

中学时，她参加海淀区中学生演讲比赛，获得过特等奖；高中时，她参加学校学生电视台台长的竞聘，成功地竞聘上了台长。

俗话说："强扭的瓜不甜。"孩子的兴趣是勉强不得的，父母只能因孩子的兴趣而利导，促其发展。如果"强扭"，有可能就会"鸡飞狗跳"。当然不排除有的家长用虎妈、虎爸的方法教育出成才的孩子，但那是小概率事件，不具有普遍性。

读懂孩子的小心思。家长要读懂孩子的需求，千万别忽略了孩子的小心思。许多家长感叹，现在的孩子心思难以捉摸。其实，这一点都不奇怪。俄国著名生物学家巴甫洛夫早就说过："为了描写人类的内心世界，上百万页著作曾经被完成，但是结果怎样呢？直到现在，我们并没有人类心理生活的规律。'另外一个人的灵魂是一个谜'，这句格言直到现在还是真实的。"

当家长面对着孩子"谜一样的灵魂"，怎样去读懂他呢？细心观察、认真分析不失为一条有效的路径。

我女儿三岁多一点的时候，元旦那天，我带着她去校园里散步。路上，见到我的一个同事，我告诉她："说叔叔新年好！"结果，她笑眯眯地说："叔叔新年不好！"还做了一个鬼脸。

虽然同事说小孩子调皮，没关系。但我是要多尴尬有多尴尬，赶紧向那位同事道歉。

离开同事，我就在想，女儿为什么要反其道而言之？她有什么小心思？我琢磨着是她不喜欢我指挥、命令她说什么。

过了一会儿，又遇到一位同事。这次，我只是自己跟那位同事打了声招呼，问他新年好。没想到，女儿自己毕恭毕敬地说了一句："叔叔新年好！"

我同事很高兴地夸奖我女儿懂事，有礼貌。回家后，我问女儿："你为什么要说那位叔叔'新年不好'？是不喜欢他？"她告诉我："不是不喜欢那位叔叔，是不喜欢你当警察指挥我。"真是知女莫如母，我读懂了她的小心思。

孩子的小心思是可以通过他的言行折射出来的。比如说，孩子见到陌生人或到了陌生的场合，往家长的身后躲，或者揪自己的衣服角，折射出的小心思就是"我害怕""我很紧张"。比如说，孩子不敢直视你的眼睛的时候，折射出的小心思是"我很尴尬""我做了坏事，担心你知道了批评我"。

家长若想读懂孩子的小心思，需要注意提高自身观察、分析的本领。苏联著名作家高尔基等人有个故事：

一天，高尔基、安德烈耶夫和布宁三人相约一起到一家饭馆里比赛观察能力。他们刚落座不久，就进来了一个人。

高尔基看了看说，他脸色苍白，身穿灰布衣服，还长着一双细长的手。

安德烈耶夫反应慢了些，说不清楚。

布宁说，这个人穿灰色衣服，领带上有小花点，小指上的指甲不正常。他的眼睛总是东张西望，精神也不振作。布宁说了他的观察之后断定说，这个人是个骗子。事后一打听，布宁所说的果然不假。

不难断定，这次比赛是布宁赢了。布宁之所以能在比赛中获胜，一个根本的原因，就是他观察得更细致、特征抓得更准，就连小指甲的不正常也没放过。

二、促进孩子自律自立的"放养孩子"理念

　　驯服式教育理念会让孩子失去个性和尊严，家长强迫孩子接受自己的观点、接受自己的思维模式，甚至是接受自己的理想信仰。孩子在家长的棍棒下，获得好成绩。这样的教育理念教育出来的孩子，大概率是唯唯诺诺的"老实人"，难能自律自立，有创造力和创新力。

　　家长要促进孩子自律自立，自我完善，充分发挥自身的潜能，需要树立"放养孩子"的教育理念。

　　一听"放养"，有的家长可能觉得我这是胡扯，放养还能养出自律自立的孩子？其实，"放养"不是放任，不是"放羊"，让家长做甩手掌柜的。"放养"，放的是思维，养的是习惯。

（一）家长学会放手，孩子才能真正成长

不放手的父母，永远养不出自律自立的孩子。事实证明，父母越强势，孩子越懦弱；父母越干涉，孩子越逆反。家长学会放手，孩子才能真正成长。

有的家长属于"管得宽""控制严"的类型，孩子穿什么衣服、吃什么东西，考大学报什么专业，毕业后从事什么样的职业，都得按照自己的意志行事。搞得孩子没有自己的追求、没有自己的愿望、没有自己的空间，最终没有了自己的生活。

"管得宽""控制严"的家长养育的孩子，不是成为一个叛逆者，就会成为一块废料。著名军旅作家李忠效先生在他所撰写的《监狱之旅》这部纪实文学作品中，就讲述了一个由"管得宽""控制严"的父母养育出来的叛逆者。

这个叛逆者名叫马小杰，是一个 14 岁的少年杀人犯。

马小杰的父亲是天津某合资公司的工程师，母亲是一家钢厂的技术员，家庭条件不错，物质生活也优越。

马小杰孩童时期，是个喜欢读书的孩子。在小学阶段，他就通读了《三国演义》《水浒传》《西游记》《格林童话故事》等中外名著。他在学校的学习成绩也总是名列前茅。

要说这样一个孩子应该成长为别人家的孩子才对，但他却沦落为一个杀人犯。这是为什么？

原来，是他父母的望子成龙和严格管束，使他产生了强

烈的逆反心理。

他自恃已经"长大成熟"，不再买父母的账。他羡慕那些大块吃肉、大碗喝酒的"梁山好汉"和"三国英雄"，乃至那个"无法无天"的孙行者。他经常到街头巷尾的书摊寻找那些内容更"刺激"、更有"味道"的书刊。

马小杰的父母没有及时发现儿子身上发生的这些变化，倒是变本加厉地要求他在学校里学习成绩取得更好的名次。

马小杰事后回忆说："我最讨厌他们这样管束我，一点也不给我自由。我妈妈下岗后，在家里料理家务，她就像个监工似的。我每天早晨7点上学，晚上7点多钟才下晚自习回家。一天下来脑子就够大的了，他们也不和我说说话聊聊天什么的，给我准备了一大堆家庭作业，做不完就别睡觉。一天到晚光学习，家里死气沉沉的，烦死了！"

父母不跟他交流思想，他就去和同学交流。因为他聪明，被同学们称为"智多星"，推崇为"军师"。他也经常给同学出些"坏主意"，令那些调皮捣蛋的"坏学生"刮目相看。

这刺激了马小杰的野心，他想挑战一下警察的办案能力。

于是，有一天，马小杰模仿电视剧中的情节，从家里带上作案工具，来到邻居王婶家。当时王婶正在厨房里洗衣服。他敲开门，像过去一样又乖又甜地叫了一声"王婶儿"，然后佯装憋尿，请王婶借用一下厕所。王婶见是邻居家的孩子，就未加提防让他进了门。

马小杰溜进厕所后，迅速拿出榔头和两把水果刀，戴上胶皮手套，双脚套上塑料袋，头上戴着塑料淋浴帽，悄悄走出厕所，趁王婶不备，举起榔头向她的头部狠狠砸去。他怕榔头力量不够，又拿起王婶家的哑铃猛砸其头部，致使王婶当即气绝身亡。然后，他不慌不忙地剪断电话线，把王婶家的菜刀放在她的身边，又顺手牵羊拿走一块手表。后来他自己坦白说："这是为了制造假象，不被警察怀疑是个学生干的。这样他们只会怀疑是小偷。"

临走时，他用随身携带的一次性餐桌布擦掉了所有血迹，到厨房洗掉脸上的血。打开煤气阀，不慌不忙地走出王婶家的门，把一包作案工具和血衣扔到马路边的垃圾桶里。

更让人感到吃惊的是，他作案杀人后回到家里，装模作样地写起了作业。父母回家时，他像没事似的嬉皮笑脸和他们说笑。

"天网恢恢，疏而不漏。"案子破了。但马小杰并没有认识到他所犯罪行的恶果，以及所应负的法律责任。他对办案人员说："我为什么要害王婶？其实我和她根本没有什么仇恨，我就是想证实一下自己的本事。我就是想做个案子来看看你们到底有多大本事，是不是像电视剧中那样吹牛。"

原来他的犯罪心理就这么简单！居然用杀人来"证明"自己的"本事"！

一个无辜的生命被一个"冷血少年"像玩一样给夺走了，而他的作案理由却是：我之所以选择王婶家作案，是因为和王婶家是老邻居，知根知底。

读了李忠效先生所记叙的马小杰的作案过程和作案心理，真是让人震惊。如果马小杰的父母不是那样"管得宽""控制严"，跟孩子多沟通交流，而不是只管成绩如何，不管思想变化，也许这场悲剧就可以避免。可惜，没有如果，只有后果。

其实，管孩子，也像手攥沙子一样，你攥得越紧，沙子流失得越多，你得到的沙子就越少。

（二）家长尊重孩子，适应孩子天性发展

德国古典哲学创始人康德说过："自由不是随心所欲，而是自我主宰。"

自我主宰，就是自己能够掌控自己。自己能够掌控自己的孩子才能自律自立。他不受内心情绪和欲望的影响，也不受外部事物的干扰，所谓"八风吹不动"。

"八风"，是指利、衰、毁、誉、称、讥、苦、乐，这八件事。

利，是顺利；衰，是衰败；毁，是诋毁；誉，是赞誉；称，是称赞；讥，是讥讽；苦，是痛苦；乐，是快乐。

古人认为，一个人应该修养到遇到"八风"中的任何一"风"，情绪都不为所动。

这种修养境界，一般人的确难能企及，就连那个写有

"竹杖芒鞋轻胜马，谁怕？一蓑烟雨任平生"的苏东坡也被"一屁打过江"，何况孩子呢？

有一天，苏东坡突发灵感，写了一首五言诗偈："稽首天中天，毫光照大千；八风吹不动，端坐紫金莲。"

他甚为得意，就叫书童乘船从江北瓜州送到江南，呈给金山寺的佛印禅师指正。谁知佛印看后，略一沉吟，只批了"放屁"两个字，便交给书童原封带回。

苏东坡原以为会得到佛印禅师的称赞，没想到得到了"放屁"二字。他心有不爽，随即备船过江，亲自到金山寺去找佛印禅师兴师问罪。

他到了西山寺，却见禅堂紧闭，门上贴了一张纸条，上面写着："八风吹不动，一屁打过江。"苏东坡见此，恍然大悟，惭愧不已！

虽然一般人难能企及"八风吹不动"，但家长可以帮助孩子学会掌控自己。让孩子学会掌控自己，家长需要遵从孩子的本能。孩子的本能，是孩子与生俱来的能力或行为倾向。

一般而言，孩子具有五大本能：探究本能、制作本能、社交本能、应激本能和艺术本能。

在家庭教育中，家长应该尊重孩子，适应孩子天性的发展，顺应生命成长的规律。

唐代著名文学家柳宗元曾经写过一篇《种树郭橐驼传》的文章，文章说，郭橐驼以种树为职业，长安城里那些经营园林游览和做水果生意的有钱人，都争着雇请他来种树。大家看他种的树，或者移植的树，没有不成活的；而且长得高大茂盛，果实结得早而且多。

有人问他种树种得好的原因，他回答说："我并不能使树木活得长久而且长得很快，不过是能够顺应树木的自然生长规律，使它的本性得到充分发展而已。"

"凡是种植的树木，它的本性是：树木的树根要舒展，它的培土要均匀，它根下的土要用原来培育树苗的土，根周围的捣土要紧实。这样做了之后，就不要再动，不要再忧虑它，离开后就不再管它。栽种时要像对待子女一样细心，栽好后要像丢弃它一样放在一边，那么树木的天性就得以保全，它的本性也就能够得到充分发展。所以我只不过不妨碍它的生长罢了，并不是有能使它长得高大茂盛的办法；只不过不抑制、减少它的结果罢了，也并不是有能力使它果实结得早又多。别的种树人却不是这样。种树时，树根蜷曲着，又换了生土；给树培土的时候，不是过紧就是太松。如果有能够和这种做法相反的人，就又太过于吝惜它们了，担心它太过分了；早晨去看了，晚上又去摸摸，已经离开了，又回来望望。更严重的，甚至掐破树皮来观察它是死是活着，摇动树的根部来看培土是松还是紧，这样树木的天性就一天天远去了。虽然说是喜爱它，这实际上是害它；虽说是担心它，这实际上是仇视它。所以他们种植的树都不如我。我又哪里有什么特殊本领呢？"

柳宗元所叙述的郭橐驼的种树之道，就是"顺木之天，以致其性"。郭橐驼正是顺着树木的自然性格栽种，从而保护了它的生机，因而收到"天者全而其性得"的理想效果。

郭橐驼种树如此，家长养育孩子也应该这样，遵从孩子的本能。

我说，家长养育孩子要遵从孩子的本能。这并非是说家长什么都不用做了。家长要做的事情照样不少。

意大利著名教育家玛利娅·蒙台梭利认为，孩子都是带着"精神胚胎"而来的，每个孩子生下来就像是一个种子埋在土里，什么时候发芽，什么时候长出叶子，都有着其自然的轨迹和规律。父母要做的就是给予他们需要的爱和"自由"的土壤，然后，观察孩子在敏感期的思想、行为状态，给予启发和引导。孩子会在固定的时候结成硕果。

（三）家长引导方向，孩子养成良好习惯

我说，家长尊重孩子，适应孩子天性发展，这并非是让家长真的什么都不管，置孩子教育于度外，静待小草长成大树，坐等花儿盛开怒放。家长还有一项非常重要的工作要做，这就是要从方向上引导孩子，帮助孩子养成良好习惯。

方向正确了，就不怕路远；良好习惯养成了，就不愁孩子不能自律自立。自律自立的孩子，家长省心放心，不用操心。

写到这里，我说说自己对女儿的引导。开学第一天，女儿领回了课本，我也帮她准备好了作业本。当天晚上，我们两个一起把课本包上了书皮。书皮包好后，我开始跟女儿谈话：

"明天是你上学，还是妈妈上学？"

"我上学。"

"既然是你上学，有些事情就要自己做。比如说，装书包的事。你今天看着妈妈怎么给你装书包，以后回家做完作业自己把书包装好。"

她说："好，我自己装书包！"

我开始示范。我示范完了之后，让她装了一遍。我表扬她装得很整齐，又鼓励她明天继续保持。同时告诉她："如果做完作业没有装好书包，明天你就要早早起来装书包，而且要是丢三落四忘了装什么，你就要接受被老师批评的结果！"

从此之后，我再也没有给她装过书包。她每次回家都是先把作业做好，再装好书包，然后才去看动画片。

现实生活中，家长多是给予孩子，为孩子提供无微不至的关怀和全心全意的服务，其实，家长可以向孩子"索求"，通过"索求"来引导孩子。

我就经常向女儿"索求"。比如说，我在书房的书桌前写作，看到女儿来书房，我就会让她给我揉揉肩膀，然后做出很舒服的样子，并表示感谢。久而久之，她就经常给我揉几下肩膀。再比如说，她小时候吃的零食，我也会向她"索求"。这还真不是我馋，我是想让她有分享的概念。正因为这种"索求"，让她养成了分享的习惯。她在幼儿园的时候，也就是四岁左右，有一天，她们幼儿园组织演出活动，请了学校的业余乐队，并给乐队准备了汽水。乐队没有喝，把汽水给了参加演出的孩子。许多小朋友拿起汽水就自己喝开了，我女儿却拿着汽水瓶，穿过人群找到我，让我先喝，我也是毫不客气地找了个杯子，倒出了一半，把汽水喝了。我是缺这点汽水喝吗？非也。

孩子的好习惯家长要在他未成年时帮助他养成。"3岁看大，7岁看老"，这话还是有一定道理的。我女儿现在自己感觉哪样东西好吃、哪些地方好玩，都会想着跟我们分享。上学时，她也会把自己整理的学习笔记分享给其他同学。

我对女儿从不要求她孝顺我们，而是引导她学会分享。我认为，要求孩子孝顺，具有强迫的意味，是让孩子委屈自己，成全别人，没有把孩子当成独立的个体，孩子心里会充满压力；而引导孩子学会分享则不然，这是把孩子当成独立的个体，鼓励他提升自己的价值，然后分享给家人、分享给他人。分享，是既能满足自己，也能满足他人。

三、帮助孩子自主思考的
"启发引导"理念

长期以来，在家庭教育中，家长基本上都是秉持着灌输式的教育理念。灌输式教育理念虽然提高了孩子的记忆力，但却让孩子丧失了思考力、创新力，这很不利于孩子的自律自立。因此，家长要用"启发引导"教育理念来取代灌输式教育理念。

家长通过启发和引导，让孩子在学习上能自主学习、在生活上能自我管理、在思想上能自我引导、在品行上能自我教育、在人生上能自我升级。

（一）启发引导孩子自主解决问题

家长要培养孩子自主解决问题的能力，灌输的方法不会灵光，灵光的是启发引导。

灌输的方式是家长告诉孩子怎么做，孩子就怎么做，孩子像一个被牵线的小木偶。一旦家长不牵线，他就歇菜了。

曾经被称为"神童"的魏永康，就是灌输式教育理念的牺牲品。

1983 年魏永康出生于湖南岳阳华容，4 岁学完初中课程，8 岁进入县重点中学读书，13 岁高分考入湘潭大学物理系，成为当时湖南省年龄最小的大学生，17 岁被中科院高能物理研究所破格录取，硕博连读。2003 年，因缺乏生活自理能力，魏永康被中科院劝退。

据报道，除了学习，家里任何事情，他妈妈都不让魏永康插手，每天早晨连牙膏都要挤好。为了让魏永康在吃饭时不耽误看书，直至读高中时，他妈妈还给他喂饭。魏永康的卧室门上和墙上写满了各种公式和单词，即使上厕所他也要做题。

魏永康自己也曾说，小时候妈妈总是把他关在家里看书，从不允许他出去玩。只要有女生打电话给他，妈妈都说他不在家，担心分散他的精力。

（在我写这本书的时候，我看到魏永康已于 2021 年 11 月 9 日因病离世的报道，享年 38 岁，逝者安息！）

独立面对和解决问题的能力是现代社会每一个人必须具备的生存能力。家长能包办代替孩子一时，不能包办代替孩子一辈子。有些事情孩子必须面对，早面对比晚面对好。不管是学习上的问题，还是思想上的问题，乃至生活上的问题，家长都应该通过启发引导孩子亲自动脑动手解决。请看马克思是怎样启发引导女儿自主解决问题的。

马克思发现女儿劳拉有些骄傲自满情绪，便给她写了一封信，信中讲了一则阿拉伯寓言：

湍急的河流上，行驶着一条船，船上除了船夫以外，还有一位哲学家。

哲学家问船夫："你学过外语吗？"船夫答："没有。"哲学家又问："你学过历史吗？"船夫答："没有。"哲学家摇摇头说："那么，你失去了生命的一半。"

船继续往前走，哲学家接着问："你学过数学吗？"船夫答："没有。"哲学家摇摇头说："你失去了生命的另一半。"

这时，一阵大风刮来，把小船刮翻了。船夫看着在水里挣扎的哲学家，高声问："你会游泳吗？"哲学家答："不会。"船夫说："那你就要失去整个生命了。"……

劳拉看了这封信，沉思了好久，她明白了父亲的用意，是通过这个故事告诉她：不要骄傲自满，无论何人都会各有所长，各有所短，要互相学习，取长补短，骄傲自满是无知的表现。

马克思发现了女儿思想上存在着问题，他没有直接给她灌输大道理，而是用一则阿拉伯寓言故事来启发引导她，让她通过思考明白自身的问题所在。

（二）启发引导孩子独立思考问题

独立思考是孩子认识问题、分析问题、解决问题的逻辑基础。家长向孩子灌输的理论和经验，不能替代孩子的思考。德国著名哲学家叔本华在《关于思考》中有言："纯粹的经验和思考间的关系，如同食物之对于消化。"

家长提供给孩子"食物"，孩子如果不能消化的话，那么"食物"是没有任何作用的。家长要善于启发引导孩子独立思考问题，这才是正道。

被人们称为"世界球王"的巴西运动员贝利，自幼就酷爱足球运动，并很早就显示出了他超人的才华。但他有一个毛病，就是一累了便要通过吸烟来解乏。

一次，小贝利参加了一场激烈的足球赛，累得喘不过气来。休息时，他向小伙伴要了一支烟，以解除疲劳。贝利得意地吸着烟，淡淡的烟雾不时地从他的嘴中吐出来。但这一举动很快被他父亲看到了，父亲的眉头皱起一个大疙瘩。

晚上，父亲坐在椅子上问贝利："你今天抽烟了？""抽了。"小贝利红着脸，低下了头，准备接受父亲的训斥。

但是，父亲并没有这样做，他从椅子上站起来，在屋子里来回地走了好半天，才对贝利说："孩子，你踢球有几分天资，也许将来会有些出息。可惜，你现在要抽烟了。抽烟，会损坏身体，使你在比赛时发挥不出应有的水平。作为父亲，我有责任教育你向好的方面努力，也有责任制止你的不良行为。但是，是向好的方向努力，还是向坏的方向滑去，主要还取决于你自己。因此，我要问问你，你是愿意抽烟呢，还是愿意做个有出息的运动员呢？你懂事了，自己选择吧！"说着，父亲还从口袋里掏出一沓钞票，递给贝利，并说道："如果你不愿意做个有出息的运动员，执意要抽烟的话，这就作为你抽烟的经费吧！"说完父亲走了出去。

小贝利望着父亲离去的背影，仔细地回想着父亲那深沉而又恳切的话语，不由得哭出声来。过了好一阵，他止住了哭，拿起桌上的钞票，追上去还给了父亲，并对他说："爸爸，我再也不抽烟了，我一定要当一个有出息的运动员！"

从此，贝利刻苦训练，球艺飞速提高，15岁参加桑拖斯职业足球队，16岁进入巴西国家队，并为巴西队永久占有"女神杯"立下奇功。后来，贝利成为拥有众多企业的富翁，但他仍然不抽烟。

小贝利年少不更事，不懂得抽烟对运动员的极大危害，他的父亲耐心地向他指出抽烟会妨碍实现当一名出色运动员的理想，使小贝利懂得了利弊关系，并启发引导他自己权衡利弊，做出抉择，使小贝利从此同抽烟永远绝了缘。

英国心理学家克莱尔有言："父母真正的成功，就是让孩子尽早作为一个独立的个体，从你的生命中分离出去。这种分离越早，你就越成功。"

家长启发引导孩子自主解决问题，独立思考问题，是"让孩子尽早作为一个独立的个体，从你的生命中分离出去"的主要路径。

（三）启发引导孩子家长要有耐心

认识论告诉我们，人的思想的产生、发展和变化，都是经过量的逐渐积累，才最终达到质的变化的。人们对于客观事物的认识，又是一个由肤浅到深入、由简单到复杂、由低级到高级、由个别到一般、由现象到本质的实践过程。正因为如此，人的思想便呈现出复杂的、曲折的、多样的特征，人的认识的提高也只能是循序渐进的。所以，家长启发引导孩子时，必须有耐心，循序渐进。

董必武任最高人民法院院长时，曾一度在北京钟鼓楼后的一个大院住过。这个大院原是个王府，不仅住室典雅，还有个很大的后花园。春日，桃花、海棠竞相开放；夏天，树木繁茂，浓荫遍地；秋季，葡萄满藤，红枣满枝；即使是隆冬，那银装素裹的景色，也别有情趣。董必武很喜欢这个住所，但还是决定搬家，迁到中南海去。

董必武的孩子不明白父亲为什么放着这么好的地方不住，非得要搬家。一个个噘着嘴，不高兴。董必武把孩子们叫到面前，对他们说："这个地方的确不错。房子好，花园也漂亮。但为什么要搬家呢？第一，为我一个人，要有警卫排，要烧锅炉，要煤，要人跑这么远来送文件。这样要占用多少人力物力啊！搬到中南海，这些都统一解决了，为国家解决了人力物力，我还不该搬吗？第二，我上班太远，要坐很长一段距离的汽车，这样要用掉不少汽油。如果家在中南海，近了一半路程，就节约了一半汽油。我们国家穷呵！"

孩子们被父亲说服了，高高兴兴地同意搬家。不久，董必武一家就搬到了中南海怀仁堂东侧的一套两进的院子里去了。

这里，董必武是用算账的方式耐心启发引导孩子们，经过耐心的启发引导，帮助孩子们提高了思想觉悟，高高兴兴地搬了家。

四、以理解孩子为重心的"平等沟通"理念

"理解万岁"，是人们常说的一句话。之所以"理解万岁"，是因为人与人之间相互"理解"非常重要，而能做到相互"理解"又非常不容易。

在家庭教育中，家长如果能理解孩子，孩子也能理解父母，就不会产生那么多的矛盾，更不会有什么亲子关系的对立。

家长理解孩子有三个关键点：平等视角、换位思考、耐心倾听。

（一）以平等的视角对待孩子

家长要理解孩子，首先要以平等的视角对待孩子。以平等的视角对待孩子，也有益于孩子的自律自立。

孩子在家长面前虽然是孩子，但是他也是一个独立的个

体，独立的个体需要平等地对待。家长只是年龄比孩子大一些而已。家长不能因为自己年龄比孩子大一些就颐指气使、盛气凌人，想骂就骂、想打就打，甚至把孩子当作出气筒。有的家长在单位受了委屈，回家拿孩子出气；工作不顺利，孩子成了受气包；夫妻两个闹别扭，让孩子受夹板气。

家长以平等的视角对待孩子，就要学会跟孩子平等协商，而不能要求孩子无条件地服从自己。现在的孩子都是小人精，从小就有自己的主意、有自己的想法，遇到孩子自身的问题，家长跟他平等协商，一方面是尊重孩子，另一方面孩子也会通过权衡利弊得失进行取舍而锻炼出决策的能力。

我女儿是两岁半上的幼儿园。第一天入园时她兴高采烈。等第二天我先生要送她去幼儿园时，她哭着闹着不想去。我把她抱在怀里，跟她说："咱俩商量一下，是去幼儿园还是不去幼儿园？"她说："好，怎么商量？"我说："宝宝在上学之前都要去幼儿园。你是不是宝宝？"她说："我是宝宝。"我说："是宝宝那就需要上幼儿园。"她说："那我就上幼儿园吧！"尽管她说了要上幼儿园，但还是一副很委屈的样子，抽抽搭搭地哭。我又跟她商量："现在有两道题，你自己选择：一是哭也要上幼儿园；二是不哭也要上幼儿园，你选择哭还是不哭？"她说："我选择不哭上幼儿园！"然后自己擦干了眼泪，跟她爸爸去了幼儿园。

虽然我这种协商有点忽悠孩子，但我认为，这种做法也比强迫她要好。自从那次协商之后，她每天都快快乐乐地去幼儿园，再也没有哭闹过。

说到家长以平等的视角对待孩子，有一个细节家长不妨注意一下。孩子个子比较矮的时候，家长跟孩子谈话，不要"居高临下"，俯视孩子。如果不是坐着谈，家长最好放低身段。我女儿小时候，我跟她谈话时，都是她站着，我蹲着。这样，我们两个的身高就齐平了，谈话更有平等感。仰视和平视能折射出不同的说话态度。我曾经在网络上读过一则小故事：

在一个圣诞节的夜晚，有位年轻的妈妈带着 5 岁的女儿去参加圣诞晚会。

参加晚会的人很多，熙熙攘攘。但美食也很丰富，还有鲜花、美酒、圣诞老人的礼物……

妈妈很高兴地和朋友们打着招呼，并领着女儿参观晚会的各个地方，她以为女儿也会很开心。但女儿却闷闷不乐，说什么都要离开，甚至坐在地上哭闹起来，鞋子也掉了。

妈妈觉得非常尴尬，很生气地把女儿从地上拖起来，训了孩子几句之后，她蹲下来给孩子穿鞋子。

在她蹲下来的那一刹那，她惊呆了：她的眼前看到的是一些高高的柜子，晃动着的全是大人的屁股和大腿，而不是自己刚才所看到的笑脸、美食、美酒和鲜花。

她终于明白了女儿为什么会不高兴了。原来，站在孩子的高度和角度，看到的是一个和成人完全不同的世界。

看到这个故事，我想起我女儿 5 岁的时候，重阳节她奶奶带她去爬香山。她们回到家，我问女儿："今天去香山都看到了什么？"她告诉我："就看到一些'高级动物'的腿。"原来，那天去香山爬山的人多，她随着人流朝山上爬，她个子矮，看到的可不就是"高级动物"的腿吗？

（二）站在孩子的立场想问题

家长要理解孩子，需要学会站在孩子的立场、视角来体验、思考问题，把自己放在孩子的位置上来看待问题。这就是换位思考。

说到换位思考，有个小段子：路边上，有一群排队的小学生，目测是去秋游！小朋友们有穿长袖的、薄秋装的，还有穿短袖的。其中有个小女生鹤立鸡群，竟然穿了一件羽绒服！

有个小男生问她："你怎么穿羽绒服啊？"小女生45度仰望天空幽幽地说："有一种冷是我妈觉得我冷。"

这个小段子是有生活基础的描述。在家庭教育生活中，不仅"有一种冷是我妈觉得我冷""有一种饿是我妈觉得我饿"，也有"有一种兴趣是我妈觉得我有兴趣"。家长总是以主观的意愿来安排孩子的学习和生活，总是以爱的名义来要求孩子做这个或做那个，而不考虑孩子的感受和孩子的兴趣天赋。

家长与孩子由于处在不同的年龄、不同的位置，甚至是不同的时代，这种种不同，面对相同的客观对象，会有不同的心理感受和需求。比如，我女儿 4 岁的时候，我给她讲孔融让梨的故事，她听了之后，不以为然地对我说："妈妈，让孔融都吃了吧，我不想吃梨，不用他让梨。"

对于孔融让梨的故事，我的感受和女儿的感受就有着天壤之别。

在家庭教育中，许多家长习惯于要求孩子能理解自己的辛苦劳累、良苦用心，但却疏忽于站在孩子的立场上来思考问题。

前几年，我们家房子装修，有一天我回家看装修情况。当时正好铺瓷砖，铺瓷砖的师傅看我来了，就停下手里的活，问了我一个问题："我听说您是老师，我想请教您一个问题。"我说："不用客气，有什么问题您尽管说。"

他说："我家孩子上四年级了，放学回家第一件事就是打开电视找动画片看，要不就是去游戏厅打游戏，作业也不好好做，气死我了，我又常年在外面打工，也管不了他，我老婆说他，他也不听。"

我问他："如果你在家，你怎么管他？"他告诉我："我打不死他就行！"

这话听得我浑身冒冷汗。我继续问他："你老婆也在外面打工？""没有，她在家里照顾孩子。"……

聊了一会儿，我明白了。铺瓷砖的师傅常年在外顾不了家，他老婆闲暇时候沉溺于打麻将，不管孩子。农村没有幼儿园，他老婆打麻将的时候，就打开电视让孩子看动画片，后来，又给孩子买了游戏机，让孩子自己玩。就这样，培养了一个沉溺于看动画片、打游戏的孩子。

我告诉他："问题不在孩子身上，问题在你们夫妻身上，你管孩子想到的是'打'，你老婆管孩子想到的是动画片和游戏，让动画片和游戏替代自己当'妈妈'。你换位想一想，如果你是孩子，经常挨揍会怎么样？如果你是孩子，从小就是动画片和游戏陪伴自己，你会不会养成动画片和游戏依赖陪伴症？"

他听了我的"长篇大论"，点点头说："是这么回事。"

家长如果能够站在孩子的立场、视角来体验、思考问题，孩子的许多问题就根本不是问题。我女儿上初一的时候，有一天她放学回家，进了门往洗手间里的洗衣机上放了一件东西，跟我打了一声招呼就进她的房间做作业去了。

过了一会儿，我去洗手间，看到洗衣机上有两条"破"牛仔裤。当时，这种"破"牛仔裤刚"入市"，我还没见到有人穿。我知道是女儿买的，虽然我看着心里有点不舒服，但我用沉默表示尊重她。

随后，我们家的小时工来了。她从洗手间拎出了那两条"破"牛仔裤，走进书房来问我："大姐，这两条破裤子还洗吗？"我告诉她："洗呀，这是刚流行的时髦裤子啊！"

小时工把这两条"破"牛仔裤洗好，晾晒在我们家的阳台上。我先生下班回到家，一眼就瞅见了。他很惊讶地问我："这是谁的破裤子，还不赶紧扔了！"我示意他别再说话，悄悄地告诉他："是咱闺女买的。"先生悄声嘟囔了一句："花钱买破裤子穿，什么毛病！"

我为什么对女儿买的"破"牛仔裤见"怪"不怪、见"怪"不管？我觉得没有必要管，穿衣戴帽，各有所好，如果孩子的穿着打扮也像我一样，岂不老气横秋？这其实也是站在孩子的立场上思考问题。

（三）要耐心倾听孩子的心声

家长理解孩子，还需要当好孩子的耐心听众。家长当好孩子的耐心听众，才能倾听到孩子的心声，而这是理解孩子的前提条件。"一对善于倾听的耳朵胜过十张能说会道的嘴巴。"

许多家长习惯于自己对孩子喋喋不休，但对孩子的表达却置之不理。尤其是孩子遇到困难向家长诉苦时，有的家长更是不耐烦，甚至打断孩子的话，不让孩子讲下去，久而久之，孩子也就懒得跟家长说什么了。

耐心倾听孩子的心声，要有耐心倾听的态度。而耐心倾听的态度，直接影响着家长与孩子沟通的效果。下面这个小故事值得家长们深思：

有个五岁的孩子拿着两个苹果，妈妈问："给妈妈一个好不好？"孩子看看妈妈，把两个苹果各咬了一口。见此情形妈妈内心很失落。谁知，孩子嚼完这两口苹果后，把一个苹果递给妈妈，对妈妈说："这个苹果最甜，给妈妈！"

人为什么只有一张嘴，却有两只耳朵？是为了告诉人们，要少说多听，而且要耐心听。家长懂得耐心倾听，才能了解到真相，孩子也才能愿意跟家长沟通交流。

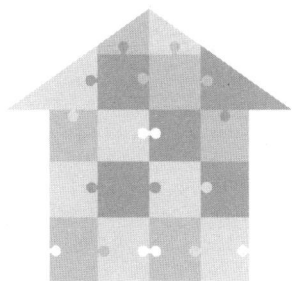

第四章

———

用实力来为自己
赢得面子

世界上没有不讲"面子"的民族，而且"好面子"也不全是负面的影响。孔夫子就"渴不饮盗泉之水"，因为饮了盗泉之水，丢不起老孔那张老脸。

盗泉，是春秋时期山东省泗水县东北的一眼古泉。据说，曾有一伙强盗占用过这一眼泉水，所以当时的人们便称这眼泉水为"盗泉"。

据先秦著作《尸子》记载："孔子过于盗泉，渴矣而不饮，恶其名也。"意思是说，孔子有一次路过"盗泉"时，口很渴，但因为泉水的名字为"盗泉"，他厌恶这个名字，就强忍干渴，坚决不饮此水。

鲁迅先生说："面子是中国精神的纲领，只要抓住这个，就像二十四年前的拔住了辫子一样，全身都跟着走动了。"就此说来，爱面子也无可厚非。关键是如何实现面子：是打肿脸充胖子，还是充实里子再赢得面子？

一、打肿脸来充胖子要不得

打肿脸充胖子，是死要面子活受罪。在家庭教育中，家长千万不要打肿脸充胖子。家长打肿脸充胖子，一害孩子，二害自己，三害家庭。

（一）会让孩子滋生虚荣

法国哲学家、1927 年诺贝尔文学奖获得者亨利·柏格森在他所著的《笑》中有言："虚荣心很难说是一种恶行，然而一切恶行都围绕虚荣心而生，都不过是满足虚荣心的手段。"

亨利·柏格森的这段话真是精辟，一针见血地指出了虚荣心的危害。

家长爱面子会滋生孩子的虚荣。要说虚荣心谁都会有，但不能太过。滋生了太过虚荣的孩子，大多心理会扭曲，价值观会偏离正轨，会撒谎欺骗，会攀比，会自卑，等等。

孩子的虚荣心多半与家长有关，家长爱面子就是孩子虚荣心滋长的沃土。家长的爱面子会累坏自己，坑了孩子。

——（二）会使孩子吹牛撒谎

"吹牛撒谎是道义上的灭亡，它势必引向政治上的灭亡。"这是列宁在《决不要撒谎！我们的力量在于说真话！》一文中所说。吹牛撒谎的人是走不远的，生命不可能从吹牛撒谎中开出灿烂的鲜花。

家长如果养育出了一个吹牛撒谎的孩子，这个孩子就废了，这也是家庭教育的失败。

而孩子的吹牛撒谎，和家长脱不了干系。家庭吹牛撒谎的环境会让孩子耳濡目染，最终也会成为吹牛撒谎者。

孩子就是家长的一面镜子，能真实地反映出家庭环境的一切情况。在平日的生活中，家长的做法就是在给孩子做示范。如果平时家长总是用谎言来解决问题，孩子也会仿而效之；如果平时家长总是用大话来给自己挣面子，孩子也会学而时习之。

《韩非子·外储说左上》中记载过曾子杀猪的一段故事：曾子的老婆要去集市，她儿子哭着闹着也要跟着去。曾子的老婆对他说："你先回家待着，待会儿老妈回来杀猪给你吃。"曾子的老婆从集市上回来，就看见曾子要捉猪去杀。曾子的老婆赶紧劝阻说："我只不过是跟孩子开个玩笑罢了。"曾子说："老婆，这个玩笑可开不得！孩子不知道你在和他开玩笑。孩子不懂事，他是要向父母学习的，并听从父母的教诲。现在你欺骗他，是在教他学会欺骗。母亲欺骗儿子，儿子就不会相信自己的母亲，这不是教育孩子该用的办法。"于是，曾子把猪给杀了，炖肉给孩子吃了。

这个故事虽然年代久远，但教育启迪意义仍在。它告诉各位家长，家长的言行对孩子影响很大，要言而有信。

当今的家长不妨反思一下，自己是否对孩子撒过谎、搪塞过孩子？自己是否承诺过却不兑现？

家长承诺不兑现，其实就是欺骗孩子。"下回吧，这回没时间""等你考到××名，我就给你买××"。这话家长应该不陌生。结果呢？没有结果。可能家长并不觉得这是种谎言，但这种承诺而不兑现，会让孩子以家长之道还治家长之身。

（三）会致孩子厌学逃学

我说家长爱面子"会致孩子厌学逃学"，有人可能不以为然，孩子厌学逃学是孩子的问题，跟我做家长的有什么关系？

当然有关系。孩子的许多问题，都跟家长有关系。孩子厌学逃学很大程度也是家长的问题。怎么讲？爱面子的家长总是对孩子提出超越孩子实际能力的要求。比如说，让孩子每次考试都名列前茅，让孩子考上985或211大学，有的家长在孩子刚上小学，就把985大学的排名打印出来，贴在孩子的房间门口。如果孩子智商能够得着的话，激励一下很好。但如果孩子的智商平平，家长却逼孩子像隔壁老王家的孩子那样上清华、北大或其他985大学，会把孩子逼得自暴自弃、破罐子破摔的。

家长为什么要对照着隔壁老王家的孩子逼自家的孩子？因为面子呀。人家隔壁老王家的孩子都上了清华、北大，我家的孩子要是上不了清华、北大，甚至连其他985学校都上不了，这岂不是我家的孩子智商不如隔壁老王家的孩子，那我的面子上哪里找去？丢什么也不能丢面子。

二、放弃面子才能获得面子

华为创始人任正非认为，只有不过分顾及面子的人，才能获得成功。

1985年以西安市长安区文科状元的成绩考入北京大学中文系的陆步轩，放弃了北大毕业生的面子，租房杀猪卖肉，最终获得了面子。

2011年12月下旬，陆步轩带着自己花了4个月写的《猪肉营销学》的讲义，走进广州"屠夫学校"当老师。

2013年4月陆步轩受邀回母校北京大学演讲。北大老校长许智宏为此演讲致辞时说："北大学生可以做国家主席、可以做科学家，也可以卖猪肉。"

（一）不要对别人的恭维太在意

清朝末年，著名学者俞樾在他的《一笑》中，讲过一个故事：

有位京官，要调到外地上任。临行前，他去跟恩师辞别。恩师对他说："外地不比京城，在那儿做官很不容易，你应该谨慎行事。"

京官说："没关系。现在的人都喜欢听好话，我呀，准备了一百顶高帽子，见人就送他一顶，当不至于有什么麻烦。"

恩师一听这话，很生气，以教训的口吻对京官说："我反复告诉过你，做人要正直，对人也该如此，你怎么能这样？"

京官说："恩师息怒，我这也是没有办法的办法。要知道，天底下像您这样不喜欢戴高帽的，能有几位呢？"

京官的话刚说完，恩师就得意地点了点头说："你说得倒也是。"

从恩师家中出来，京官对他的朋友说："我准备的一百顶高帽，现在仅剩下九十九顶了！"

这个故事虽然是个笑话，但却说明一个问题：谁都喜欢听恭维的话，就连那位教育学生"为人要正直"的老师也未能免俗。

为什么人们喜欢听恭维的话？因为每个人都有渴求别人恭维的心理期望。因此，遇到恭维，都乐于接受。

尽管每个人都有渴求别人恭维的心理期望，但面对他人的恭维，家长还是头脑清醒一点、警惕一点为好。你要思考一下，他究竟是认同你、欣赏你的孩子才恭维，还是维护你的面子才恭维你的？

事实上，恭维的话就像是香水一样，你可以闻一闻，但你千万不要把它喝下去。

（二）不要掩饰自己的短板不足

有的家长虽然知道自己或自己的孩子有短板、有不足，但不敢也不愿意承认，承认了，会觉得自己没面子，所以选择掩饰。

其实，这种掩饰纯属于掩耳盗铃之类。短板不补长不了，孩子的问题不解决好不了。家长只有勇于面对短板、不足，想办法补足短板、解决不足，才是正道。

我女儿上中学的时候，各科在班里都是名列前茅，唯有数学似乎有点不大灵光。一次学校家长会后，数学老师找到了我，对我说，您女儿是学文科的料，这可能跟您也是学文科的有关系。

很显然，数学老师把我跟女儿一块儿否定了。听了数学老师的话，我心头一惊，但随之又想：我虽然学的是文科，但我先生学的是理科，女儿像父亲。这一阿Q，就淡定了。

但数学老师的话提醒我：女儿的数学在各科中是短板。我很真诚地向数学老师表示了感谢，然后回家了。

晚饭后，女儿问我："数学老师都跟您说了什么？"我告诉女儿："数学老师说，你这学期的数学进步很快，再努点力，就会跟其他科一样名列前茅了。"原谅我篡改了数学老师的话。

后来，我女儿的数学成绩突飞猛进。中学毕业时考上了北京人大附中，高考时，考上了北京航空航天大学理科实验班，专业为应用数学。

面对数学老师的否定，我没有掩饰女儿在学科上的短板。事实上，有些短板是暂时的，经过努力，补齐了，就不是什么短板了。

（三）用坚实的里子来赢得面子

面子和里子，是互为表里，相辅相成。里子是面子的内涵和底蕴，靠面子来表达；面子是里子的外在表现形式，靠里子来支撑。所以，要想有面子，不是靠包装、靠掩饰，而是要靠里子的实力来支撑。

当年，项羽自刎于乌江，其实就是放不下面子。"纵江东父兄怜而王我，我何面目见之？"觉得自己无颜面对江东父老。他太看重自己的面子了，结果，在发出了"力拔山兮气盖世，时不利兮骓不逝。骓不逝兮可奈何，虞兮虞兮奈若何"的悲声之后，在乌江边上自杀了。

如果他不把面子看得那么重，留得青山在，不怕没柴烧。忍辱负重，也许会东山再起。勾践的卧薪尝胆便是如此。

春秋时期，越国被吴国打败。越王勾践被俘。吴王为了羞辱越王，派他去守墓、去喂马。这本是奴仆才做的事情。越王虽然心里不痛快，但行动上还是很顺从。吴王出门时，他走在前面牵着马；吴王生病时，他在床前尽力照顾。吴王看他这样尽心尽力伺候自己，认为他对自己很忠心，就把他给放了。

越王勾践回到越国之后，立志报仇雪耻。他唯恐眼前的安逸消磨了自己的志气，便在吃饭的地方挂上一个苦胆，每逢吃饭的时候，就先尝一尝苦味，还问自己："你忘了会稽的耻辱吗？"他还把席子撤去，用柴草当作褥子。这就是所谓的"卧薪尝胆"。

勾践为了使越国富强起来，他亲自参加耕种，叫他的夫人自己织布，来鼓励生产。因为越国遭到亡国的灾难，人口大大减少，他制定了奖励生育的制度。他叫文种管理国家大事，叫范蠡训练人马，自己虚心听从别人的意见，救济贫苦的百姓。

勾践在吴国忍辱负重3年，回到越国后"卧薪尝胆"10年，通过整顿内政，努力生产，终于使越国的国力渐渐强盛起来。

后来，勾践灭了吴国，并北上中原与诸侯会盟，成为春秋时期最后一个霸主。越王勾践"卧薪尝胆"，终于使自己成就了一番伟业。

项羽因面子而自杀，最后让自己彻底没有了面子，勾践"卧薪尝胆"，忍辱负重，最后用坚实的里子，给自己赚取了大面子。

三、要接受孩子平凡的成功

在家庭教育问题上，家长讲面子，其实就是要显示我家的孩子是成功的孩子，我家的孩子不比你家的孩子差。在讲面子的家长看来，所谓的成功，就是考试成绩好，上了好高中、好大学，毕业找到一个好工作，赚钱多；或者官当得大，有实权，等等，总之，离不开名、利、权三个字，至于孩子幸福不幸福、快乐不快乐，是不在他的思考范围之内的。于是，他就竭尽全力地逼孩子为名、为权、为利而"上进"。这是很不智慧的做法。

（一）不妨换个角度来看成功

成功，是许多人的梦想，也是家长们对孩子的期望。但何为成功？有人可能说，比尔·盖茨那样的商人成功，因为他有钱；有人可能说，特朗普成功，他当总统的时候，不仅有钱，还有权；有人可能说，那些演艺界的明星成功，他们不仅有名有钱也有范儿。真是智者见智，仁者见仁。

说实话，我原来对成功这个概念的诠释，也仅仅局限于权、钱、名。觉得官当大了成功，钱赚多了成功，名声远播了成功。

但是，某一天，我看到了一个故事，颠覆了我的观念。故事说，一位汽车司机退休了。他跟朋友们聊天，说自己这一辈子非常成功。朋友们一听，都笑喷了。你房子不大，钱也不多，又没当个一官半职，还说自己成功，没喝醉吧？

这位退休司机说："我开了三十多年的车，任何交通事故都没有出，你们说我成功不成功？"朋友们一想，也是啊，谁说他不成功？

他完美地履行了自己的职责，难道不是一种成功？这件事情引发了我对"成功"这个概念的思考。

成功可以多维度诠释，不能单纯地用权、钱、名来衡量。

一个旅行家，也许他并没有豪宅，但他用脚丈量了世界，饱尝了自然界的美好风光，这就是成功；

一个厨师，也许他没有巨款，但他用他精湛的厨艺赢得了美食家的交口称赞，这就是成功；

一个家庭主妇，她虽然没有职场丽人的骄人业绩，但她相夫教子，把家庭经营得温馨和睦，把孩子培养得出类拔萃，这也是成功。

相反，一个高官，他把自己所管辖的地区搞得乱七八糟，下属怨声载道，他成功吗？

一个富商，他的钱财多是坑蒙拐骗而来的，被他坑蒙拐骗的人天天诅咒他，他成功吗？

一个明星，她的名声多是炒作甚至自买而来，别人听了她的"大名"嗤之以鼻，她成功吗？

答案不言而喻。

成功是可以分类的。有伟大的成功者，有平凡的成功者。

尼克松说："要把一位领袖列为伟人行列的可靠公式，包括三个要素：一个大人物、一个大国和一个重大事件。"领袖人物尚且如此，何况我们这些芸芸众生？

还有一位名人说："铁杵能磨成针，但木杵只能磨成牙签，材料不对，再努力也没用。"

不是谁想成为伟大的成功者，就能成为伟大的成功者的。我们虽然不是每个人都能成为伟大的成功者，但我们可以做一个平凡的成功者。

平凡的成功者，是只要你努力，你就能心想事成。难道不是吗？你在工作岗位上，尽心尽力地履行岗位职责，你就是岗位的成功者；你在家庭生活中，忠诚于家庭，尊老爱幼，担当起家庭的责任，你就是家庭的成功者。

成功永远在路上。成功其实是一个动态的过程。今日成功，明日不一定还能称得上成功。

比如，有的孩子高考时考上了北京大学，这很成功。但是，如果他走进北大校门之后，痴迷于网络，门门挂科，他的成功就是明日黄花了。

也许孩子高考时，只考了个专科，这在世俗的眼中，就是高考失利不成功。但是如果孩子不放弃，他努力，他走出校门之后，可能比有些北大的毕业生还要北大得多。

经常听到有人说自己这辈子和孩子都很失败，不成功。其实，认为自己和孩子不成功、很失败的人，并非真的不成功，而是他对"成功"这个概念的诠释有些偏差，就像我早先的想法，以权、钱、名为标准来衡量成功。如果以是否很好地履行了职责为标准，其实他可能很成功。

所以我说："别说孩子不成功，换个角度他很成功。"他虽然没有考上名牌大学，但是他在技校学了一门好手艺，走出学校，在工厂独当一面，难道他不成功？

家长不妨接受、享受这种平凡的成功。家长享受这种平凡的成功并非是故步自封、并非是不思进取，而是给自己一个快乐的心境、一个阳光的自信，让自己以从容淡定的心态，跟孩子一道去追求伟大的成功。

（二）要看到自家孩子的优势

家长都希望自己的孩子是最好的。这没错。也正因为如此，有的家长就热衷于攀比，习惯于把自家的孩子和隔壁老王家的孩子做比较。这不仅会让家长心焦烦躁，也会让孩子自暴自弃。

其实，把自家的孩子和隔壁老王家的孩子做比较是没有任何意义的。家长的攀比常常是拿隔壁老王家孩子的长处，比自己家孩子的不足，结果，把孩子比得没了自信，甚至还会让自家的孩子怨恨别人家的孩子。

有一位演讲者在演讲时说："男人，像大拇指。"他高高竖起大拇指。"女人，像小拇指。"他又伸出小拇指。

这一比喻，令全场哗然。尤其遭到了女听众的强烈反对。就见演讲者不慌不忙地补充说："女士们，人们的大拇指粗壮有力，而小拇指却纤细苗条、灵巧可爱。不知诸位女士有谁愿意倒过来？"

结果，没有女士愿意倒过来。事实上，演讲者的比喻很有道理。男人就是男人，女人就是女人，各有其特点。

每个孩子有每个孩子的特点，家长要看到自家孩子的优势，没有必要跟别人家的孩子相比较。如果一定要比的话，那就让孩子用自己的今天比昨天，看看今天是不是比昨天进步了，孩子每天进步一点点，自家的孩子就成了别人家的孩子。

著名科学家爱因斯坦上小学的时候，有一次上劳作课，同学们都交了作品，只有他没有交。第二天，他才送来了一个很粗陋的小板凳。

老师看了看他的小板凳，很不满意地说："我想，世界上不会有比这更糟糕的小板凳了。"

爱因斯坦听了老师的话，回答说："有的。"说着，他不慌不忙地从课桌下面拿出了两个小板凳。

他举起左手的小板凳说："这是我第一次做的。"他又举起右手的小板凳说："这是我第二次做的，刚才交的是我第三次做的。虽然不能使人满意，但总比这两只强一些。"

爱因斯坦不愧为爱因斯坦，他不跟别人攀比，而是自己跟自己比较。通过比较，他不断地进步。这是智慧的"攀比"。

（三）鼓励孩子勇于承认错误

鼓励孩子勇于承认错误，这是孩子成长进步的阶梯，也是养育自律自立孩子的一项重要内容。

不客气地讲，有些家庭缺少"容错空间"。要么对孩子的错误视而不见；要么是孩子犯了一点错误就大呼小叫，搞得孩子"亚历山大"。如果一个家庭缺少"容错空间"，孩子有点错误就斥责甚至打骂，孩子就会用谎言来掩饰错误。

孩子在成长的过程中，做的事情不可能都正确，犯这样或那样的错误实属正常。有时候孩子犯错误是因为家长没有提前告诉他怎么做，等遇到问题时，他不知道怎么处理，可能就做错事情了。这时候，家长要做的不是责骂孩子，而是要及时纠正孩子的错误，让孩子知道为什么错了，鼓励孩子勇于承认错误，避免以后再犯类似的错误。

其实，犯错误是孩子成长成熟必经的体验。孩子犯错误不可怕，可怕的是家长帮他掩饰错误。有的家长担心孩子犯错误被人家笑话，总是想方设法加以掩饰。什么"孩子还小，不懂事"，什么"你都这么大了，干吗跟一个小孩子计较"，等等。这样的姑息迁就，会让孩子有恃无恐。

有一次，我坐高铁，我的前座是母子二人。母亲三十多岁，孩子三四岁的样子。母亲在座位上嗑瓜子，瓜子皮放在座位前的小桌板上。本来相安无事，谁知那个小男孩突然抓起一把瓜子皮，在座位上站了起来，往我的脸上扔。

我知道这是小孩子淘气，就笑着对他说："谢谢小朋友，阿姨不吃瓜子皮，别扔了。"他不理我，继续扔。他妈妈视而不见，继续嗑她的瓜子。这时候，瓜子皮已经像天女散花般飘落得满地都是。我无奈，只好向他妈妈求助。谁知，这位母亲一脸不耐烦地"回敬"我："你都这么大的人啦，跟个3岁孩子计较什么？一把瓜子皮还能把你给打死？"这回答，让我很无语。我不再说话，心想，惯吧惯吧，总有一天会让你后悔。下面这个小故事我相信各位家长都耳熟能详。

有一次，母亲带着8岁的列宁去姑妈家做客。列宁和其他小朋友一起玩耍时不小心把姑妈家的一只花瓶打碎了。由于当时没有人看见是列宁打碎的，当姑妈问孩子们："是谁打碎了花瓶？"列宁和其他孩子一样地说："不是我！"但是，母亲从孩子们的表情上还是猜到花瓶一定是淘气的列宁打碎的。应该怎样对待列宁撒谎这件事呢？当然，最省事的办法就是直接揭穿这件事，并且处罚他。但列宁的母亲没有这么做。她认为，重要的是教育儿子犯错误后要勇于承认错误，做一个诚实的孩子，而不是责备他。于是，她装出相信儿子的样子，在3个月内一直没有提起这件事，而是给儿子讲了许多诚实守信的美德故事，等待着儿子能主动承认。

有一天晚上，列宁的母亲又像往常一样给他讲睡前故事。突然，列宁失声大哭起来，痛苦地告诉母亲："我欺骗了姑妈，我说不是我打碎了花瓶，其实是我干的。"母亲听着列宁羞愧难受的述说，耐心地安慰他，说："给姑妈写封信，向她承认错误，姑妈一定会原谅你的。"于是，小列宁马上起床，向姑妈写信承认了错误。从此以后，列宁没有再说谎，长大以后，他也通过诚信这可贵的品质获得了人民的支持。

鼓励孩子勇于承认错误，家长要让孩子明白勇于承认错误是难得的优秀品质。

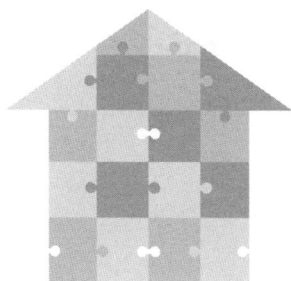

第五章

———

让现实结果符合
预期目标

我在第一章第四节中说过："一些家长在育儿问题上，感到压力大，心理焦虑，不能从容淡定，跟为孩子设定了不切合孩子自身实际的错位预期目标有着很大的关系。"因此，家长要从容淡定，就要帮助孩子设置切合自身实际的预期目标，并鼓励支持孩子不断努力让现实结果符合预期目标。

一、家长对孩子必须有真实的认知

"人贵有自知之明""知己知彼,百战不殆"。这说的是知人知己的重要。家庭教育中,家长既要对自身有准确的认知,更要对孩子有真实的认知。家长对孩子的认知越真实,对帮助孩子让现实结果符合预期目标的作用就越大。

(一)孩子的天赋

天赋,就是天分,是孩子生来具有的资质。不管你承认不承认,人生来资质是不一样的。比如说我,典型的路盲。我女儿3岁的时候,北京首都体育馆举办展销会,我领着她去逛展销会。我们从前门进去,后门出来,我就晕菜了,不知道怎么走了,还是3岁的女儿告诉我应该朝哪个方向拐弯。

我父亲家在北京昌平区回龙观,我基本上每周都会开车去父亲家,那条路走了无数趟了。汽车没安导航仪的时候,每次去，都是先生坐副驾，帮我"导航"。终于有一天，我告诉他，我记住了，不用你帮我"导航"了，结果，我开到另一条路上去了，绕了一大圈才在先生的"导航"下，回到家。到家后，先生评价我："我以为你是假傻，原来是真傻！"其实，我也不是真傻，我对文字的记忆力就很好，敢说超越许多人。只要看过一遍，就会记住个百分之八九十，这还真不是吹牛，高考时，历史试卷100分，我就考了96分，绝对是记忆力帮了我的大忙。

再比如，有的孩子天生就有一副天籁般的嗓音，这就为他提供了从事艺术工作的先天条件；有的孩子天生弹跳力就强，这就有益于他从事体育运动；有的孩子空间思维能力强，能跳出点、线、面的限制，多个角度"立体思考"，这样的孩子学起绘画来就比一般人有优势。家长要帮助孩子确定发展的预期目标，对孩子的天赋有真实的认知非常重要。

这并不是说，我是一个先天论者，我在相信先天禀赋存在的同时，也相信通过后天的努力让先天禀赋有更好的发展。

家长对孩子的天赋有了真实的认知，再针对先天的禀赋帮助孩子确立预期的目标，这会促使孩子更好更快地发展。如果对孩子的天赋没有真实的认知，盲从于隔壁老王家孩子的预期目标，其现实结果就难能符合预期的目标。

（二）孩子的性格

每个孩子都有不同的性格，性格有先天遗传的因素，也有后天养成的原因。家长观察、分析孩子的性格，有益于帮助孩子确定预期的目标，并为促使他实现现实结果符合预期目标提供强有力的支持。

有的孩子性格活泼开朗、爱说好动；有的孩子性格温柔听话、善于思考；有的孩子性格孤僻、胆小木讷、不爱讲话；有的孩子性格倔强、固执己见、控制欲强。

性格决定命运。这句话是有一定道理的。不同的性格造就不同的人生。陈景润是当代数学家，1973年他在《中国科学》发表了"1+2"的详细证明，引起了世界巨大轰动，被公认是对哥德巴赫猜想研究的重大贡献，是筛法理论的光辉顶点，国际数学界称之为"陈氏定理"。

陈景润之所以能取得如此巨大的成就，跟他的先天禀赋和性格有着直接的关系。研究数学是需要天赋的，像我这样的，逼死我都没用。

陈景润小时候就性格内向，不爱说话，专注力强，他最感兴趣的是数学课，被称为"痴人""怪人"；他心无旁骛、痴迷研究，在一间6平方米小屋里，耗去6麻袋草稿纸，最后攻克了世界数学难题"哥德巴赫猜想"中的"1+2"……

（三）孩子的理想

　　理想，是对美好未来有根据、合理的设想。每个孩子都是有理想的。幼儿的理想一般可说是梦想，因为它并不现实，设想不合理。我女儿3岁的时候喜欢看动画片《黑猫警长》《蓝精灵》，她跟我聊天的时候，就告诉我长大之后要当黑猫警长、成为蓝精灵。这很显然是不现实的梦想。

　　孩子真正产生理想的年龄应该是青少年时期。在此阶段，他们已经对社会有了一定的理解，而且他们的理想受到家庭、社会和学校环境的影响。我一个亲戚的孩子，因为他母亲生病去世，他就立志要成为一名医生，去为更多的人解除病痛，后来他果然成为一名很好的外科医生。

　　家长要了解孩子的理想，以便为孩子理想的实现提供支持和帮助，即帮助他们确立预期的目标。

　　家长支持孩子的理想，要判断对错。理想，按其内容可以分为职业理想、生活理想、道德理想和社会理想四大类别。不管哪一类的理想都有对与错之分，都有高尚与虚伪之别。错误而虚伪的理想势必引起道德败坏，最终会毁了孩子的人生。比如说，有的孩子自小家庭贫困，并受到过他人的欺凌，于是，就形成了当大官发大财的理想，并为这种理想的实现而奋斗。这种错误的理想虽然实现了，但最终却被这种错误的理想所摧毁。浙江省杭州市原副市长许迈永就是如此。

　　许迈永在他的悔过书中写道："我出生在一个农民家庭，

父亲双目失明，以算命为生，母亲参加农业生产劳动。1972年，母亲得了气管炎，之后身体一直不好，不能坚持正常的生产劳动。我有两个双目失明的弟弟，当时父亲的生意不好，家里比较困难。""由于我从小家里的经济条件就差，生活比较苦，左邻右舍、亲戚朋友也没人帮忙，所以我时常担忧，不知今后家里还会不会再次出现困境。再加上两个弟弟均双目失明，特别是侄女出生后也是双目失明，我的担忧与日俱增，经常考虑经济上如何有保障，如何解决后辈的生存问题，不让后辈再次受苦。""从小穷怕了，工作后考虑经济问题比较多。"

2011年7月19日，经最高人民法院核准，许迈永被依法执行死刑。

有的家长对孩子的那种又想当大官，还要发大财的理想不以为然，甚至沾沾自喜，这是非常危险的，家长必须予以引导纠正。要想当大官，就别想发大财；要想发大财，就别想当大官。鱼和熊掌不可兼得。

家长支持孩子的理想，要定位实际。中国现代著名作家茅盾在他所著的《冰心论》中说过："真正的'理想'是从现实'升华'，从'现实'出发。"他还说过："事实不容许时，理想只是一句废话。"家长对于孩子理想的支持，也是需要着眼于实际的，不能纵容孩子好高骛远。一旦理想目标过高而无法实现反而会挫伤孩子心理。

（四）孩子的不足

　　人无完人，每个人的身上都有这样或那样的优点和特长，也有这样或那样的缺点和不足。孩子也不例外。作为家长，既要看到孩子的优点和特长，也要看到孩子的缺点和不足。

　　对于孩子的优点和特长，家长要予以鼓励，让其成为孩子成长的优势资源；对于孩子的缺点和不足，家长也要用适当的方式给孩子以纠正提醒，让孩子意识到自身还有需要克服和解决的一些问题，以免骄傲自大，也避免因短板而影响孩子的成长进步。

二、帮助孩子确立适度的预期目标

目标，是人们想要达到的境地或标准。虽然高尔基说："一个人追求的目标越高，他的才力就发展得越快，对社会就越有益；我确信这也是一个真理。"但"目标越高"并非是虚无缥缈的高，也并非是好高骛远的高，而是要一切从实际出发的高，是要实事求是的高，是要正确的高，而不能是歪门邪道的高。

因此，家长在帮助孩子设定预期目标时，要了解孩子的实际情况，根据孩子的切身实际情况来帮助孩子设置一个适度、适当的目标。

（一）高低适度的目标能够实现

要让现实结果符合预期目标，设置高低适度的目标是一个首要的环节。预期目标设置得太高了实现不了，家长和孩子都容易焦虑；太低了目标不费力气就能实现，对孩子没有挑战性，调动不了孩子的潜能，不利于成长进步。比如说，孩子都上高三了，他的成绩依然平平，但家长说了，咱们别的话就不说了，你加倍努力考上清华或北大。孩子一想，就一年的时间了，就我这成绩，别说清华或北大，就是人大，也考不上，索性破罐子破摔了。这就是预期目标设置得太高的结果。

我们可以把预期目标的设置比作摘桃子。桃子吊在空中，怎样才能调动人的最大积极性呢？坐在地上举手可得，不行。因为目标太低，缺乏"挑战性"；跳起来摘不到，也不行。因为目标太高，会挫伤人的积极性。只有奋力跳跃方能摘到的高度，才是最合适的。这一点，我们可以用8个字来概括："伸手不及，跃而可获"。它能最大限度地调动人的积极性，包括潜能，最后使预期目标得以实现。

那么，怎样才能设置出"伸手不及，跃而可获"的预期目标呢？这就需要家长对自己有清醒的认知、对孩子有真实的认知。

对自己有清醒的认知、对孩子有真实的认知，是需要一个过程的，但这个过程是设置预期目标所必不可少的。

就拿我自己来说吧。1983年7月，我从北京大学中文系毕业之后，被分配到中共中央党校组织局（现在叫组织部）干部处工作。亲朋好友知道了我的工作单位之后，都向我表示祝贺。有个亲戚还说，现在的大学生少，你又是北大毕业的，仕途不可限量。

一开始，我也是满脑子糨糊，搞不清楚状态。但只有一个状态能搞清楚，那就是要服从组织分配。

待工作了一段时间之后，我了解到，部门之间、各单位之间是可以根据情况调动的，不是铁板一块。而且我静下心来反思自己、静观自己，觉得自己并不适合在组织部门工作。

我要在组织部门工作，成长进步的一个标志，就是职务的不断高升。我工作几年，升一个副处、处长应该是不难的，但要升为副局长，似乎不是那么容易的事情，更别说局长了。

为什么我认为自己不适合在组织部门工作？这跟我的性格有关。我上中学的时候，数学老师说我"天马行空，独来独往"；上大学的时候，一位语言学教授也说我"天马行空"；到中央党校工作后，一个同事说我"喜欢自己玩"。

我不能不感叹"旁观者清"。我的确是不怎么合群的一个人。倒不是我怎么清高，我不轻，也不高，而是我先天的秉性。不管是上小学还是上中学，其他的女生下课后都在操场上疯玩，跳绳、踢毽子、捉迷藏，玩得不亦乐乎，唯独我，喜欢静静地站在教室门口看着她们玩，但很少参与。就是现在，我也不喜欢参加各种会议、聚会。

我认为自己这种不合群的性格不适合在组织部门工作。如果继续留在组织部门，其他的同事都得到了提拔重用，我没有得到提拔、没有得到重用，可能焦虑就离我不远了。对我来讲，副局长、局长的目标是高不可攀的。

思来想去，我觉得自己更适合搞教学和研究工作。上大学的时候，老师常讲："科学研究板凳要坐十年冷。"我独来独往的性格，适合坐十年冷板凳。而且，在教学部门我的预期目标就是教授。

而且，以我当时的粗浅之见，在仕途，要想成长进步，自己的德才要不同于一般，除此之外，还需要有领导的赏识，领导不赏识，再怎么能干也可能成为单位的"老实人"。这就像打扑克牌，要是掌握了好的打牌技巧，手里又有大、小王，怎么打都会赢。当然也不排除抓一手好牌把它打得一团糟的情况，但这种情况总是"寥若星辰"。

我认为，在教学研究部门就不一样了。在教学研究部门，自己的教学研究水平是主导，即便是领导喜欢你，他也不能替你讲课、搞科研；即便是领导讨厌你，想卡你的脖子，你要是科研水平出众了，还可以墙里开花墙外香呢！这又好比下围棋，关键在于自己的围棋水平的高低。既如此，我设定了评上教授的预期目标，自己刻苦钻研，总是会实现的。

基于这种认识，我给组织局的领导打了一个报告，要求调到教研部门去。

现在想来，我当时的决定不能说是英明的，但至少对我来讲是正确的。这种正确就是源于对自己的正确认知。通过对自己的正确认知，设定了预期目标。最后，实现了预期目标与现实结果的一致。我觉得我设定的目标是适当、适度的。如果我设置的是当局长、当副部长的目标，那就是痴人说梦了。仅是痴人说梦倒也罢了，要是焦虑了，再郁闷了，自己就把自己给毁了。

帮助孩子设定预期目标也是一样，必须对孩子有真实的认知，千万不能主观臆断，或者把自己的理想意愿强加到孩子的身上，给孩子戴上实现自己理想的"皇冠"。要知道，欲戴皇冠，必承其重。孩子如果不能承其重的话，家长给他的皇冠就是石头碾盘了，非把孩子压垮不可。

有个小笑话，耐人寻味：孩子因成绩不好，又被妈妈骂笨鸟。孩子不服气地说："世上笨鸟有三种，一种是先飞的，一种是嫌累不飞的。"

妈妈问："那第三种呢？"孩子说："这种最讨厌，自己飞不起来，就在窝里下个蛋，要下一代使劲飞。"

家长们千万不要做这第三种"鸟"。

（二）目标的设置需要总分结合

设置总目标，可使孩子感到学习有方向、有奔头。但因为总目标的实现常常是一个长期的、复杂的甚至是曲折的过程，所以，仅设置总目标是不够的。它容易让孩子感到遥远和渺茫，可望而不可即，从而影响孩子的积极性、主动性的充分创造发挥。因此，目标的设置要总分结合。也就是说，在设置总目标的同时，设置若干适当的阶段性目标。通过逐个实现这些阶段性目标来使总目标得以实现。这一点，可用六个字来概括："大目标，小步子"。总分结合的目标能持续地调动孩子的积极性和主动性。

美国一位负责学校领导力培训项目的资深指导者吉姆·唯坦对此颇有经验："从小目标进展到大目标，对孩子来说很有效。每完成一个小目标，就能给这个孩子增加难以置信的能量。"

如果一开始就让孩子为一个遥远而宏大的目标去努力，是不大现实的。比如说，你让孩子练长跑，孩子开练的第一天，你就让他跑5公里，结果可想而知。如果让他先跑300米，这是个小目标，短时间内就能见效。这个能见效的小目标会有效地激励孩子练长跑的积极性。

日本长跑运动员山田本一曾在1984年、1987年的国际马拉松邀请赛中两次夺冠。当记者问他凭什么取得如此出色的成绩时，他的回答是："凭智慧战胜对手。"

对于他的这种回答，人们有些疑虑，认为山田本一似乎有些故弄玄虚或招摇夸张之嫌，因为谁都知道，马拉松比赛主要是运动员体力和耐力的较量，爆发力、速度的技巧都在其次，怎么能说靠智慧取胜呢？

后来，人们读了山田本一的自传，才对他所说的"凭智慧战胜对手"有所领悟，认识到这确实是他取得成功的经验之谈。

山田本一在自传中写道："每次比赛之前，我都要乘车将比赛路线仔细勘察一遍，并把沿途比较醒目的标志画下来，比如第一个标志是一家银行，第二个标志是一棵大树，第三个标志是一座公寓……这样一直画到赛程终点。比赛开始后，我以百米冲刺的劲头向第一个目标冲去；到达第一个目标后，又以同样的速度向第二个目标冲去……四十多公里路程，就这样被我分成若干个小目标而轻松地跑完。"

"起初，我并不是这样做的，而是把目标一下子定在终点的那面旗帜上，结果还没跑完几公里就觉得疲惫不堪，因为我被前面那段遥远的路程吓倒了。"

—— （三）目标的设置需要实在、具体

目标有大有小、有远有近，但不论何种目标，都不能是虚幻的，而必须是实在、具体的。

实在、具体的追求目标，是孩子成长的重要"参照物"。当他有意识地明确自己的奋斗目标，并不断地把自己的行动与目标相对照，在对照中发现自己实现目标的距离正在缩小时，他就会激发出更大的积极性，从而一鼓作气地来实现其目标。

目标的设置需要实在、具体，怎么实在、具体？可以把孩子想做的事情当作目标，而且家长要帮助孩子抓住设定目

标的机会。这种机会有时就在不经意间。

我女儿中考结束，有一天在饭桌上，我跟先生交流论文发表和书稿写作出版经验，女儿认真听了一会儿，突然说："我也要写一本书。"我先生问："你要写什么书？"女儿回答说："随便写写！"我先生没再说话，我鼓励女儿："随便写写就好！"

饭后，我抓住女儿想写一本书的机会，跟她聊了聊我的写作、修改、出版经验，并跟她一起制订了写作计划。高中开学前，她的书稿已经粗具规模，又经过一年多的打磨，这本20万字的《实话闲说》一书由海天出版社正式出版，首印1万册。

女儿"要写一本书"的目标实现了，这对她是一个很大的鼓励。

三、鼓励孩子为实现预期目标努力

家长帮助孩子确立了预期的目标，还要鼓励孩子为实现预期目标而努力。设置预期目标是容易的，而要实现预期目标，却不可能一蹴而就，轻松自在就实现了。所以家长需要鼓励孩子为实现预期目标而不懈努力，让预期目标变为现实结果。

（一）家长做出榜样是最好的鼓励

"让孩子看看大人是如何完成目标的，对于孩子来说，是一笔难得的财富。"这是 2013 年诺贝尔经济学奖获得者罗伯特·希勒的夫人所言。希勒夫人是一位心理学博士，她的职业是儿童心理及家庭心理治疗。

希勒夫人的这段话其实是她育儿经验的总结。希勒夫妇有两个儿子，大儿子小时候生性好动而不愿意学习，小儿子在学习读写方面有严重困难。但这哥俩在父母的教育下，全部入读常青藤名校，并且双双获得博士学位。

我很欣赏希勒夫人的这段话，家长要鼓励孩子，做出榜样就是最好的鼓励。

我在前文说过："我抓住女儿想写一本书的机会，跟她聊了聊我的写作、修改、出版经验，并跟她一起制订了写作计划。"我跟女儿谈了什么写作、修改、出版经验？

我告诉女儿，我的第一本书，是主编的，书名叫《秘间奇计》，是写古代间谍故事的，全书54万字，由军事科学出版社出版。当时，我在这家出版社没有任何熟人，我是自己拿着书稿写作计划和样篇，骑着自行车来到出版社，敲开总编室的房门，毛遂自荐的。后来，我经过两年多的时间完成了书稿，并使书稿顺利出版，实现了我想主编一本书的目标。

我还告诉女儿，这两年多的时间里，书稿数易其稿，修改了无数次。那时候，没有电脑，改稿子很不容易，每改一次就等于重新抄写一遍。因为是主编，我不仅要修改自己的稿子，还要修改其他作者的稿子。

我给女儿讲我的写作"历史"，是想告诉女儿，实现出书的目标不容易，但只要坚持努力又很容易。另一方面也想告诉她，这本书你要独立自主完成。

我的"榜样"对女儿还是起到很大作用的。她的《实话闲说》初稿完成后，她不断地修订完善，并自己通过邮件联系出版社。

其实，我们每一位家长都有完成预期目标的成功经验，这些经验都是孩子的财富。

（二）鼓励孩子为达成目标而努力

孩子对于自己梦想实现的目标，总是乐观的，有时候还过于乐观，而现实一旦遭受挫折，就很容易灰心。这时候家长要做的就是鼓励孩子，鼓励孩子为达成目标而不懈努力。

我女儿的《实话闲说》定稿后，她先是联系了北京的一家出版社，但遭遇了退稿。退稿后，她有些不开心。我告诉她："英国的约翰·克里西是世界著名的小说家，他总共收到过七百四十三张退稿条。你的一张退稿邮件算什么？你老妈我，更不是每本书稿都能顺利出版的，也经历过退稿。退稿也不一定是书稿本身的问题，也可能你的书稿跟这家出版社的出版风格、读者对象不一样。这就像人家本来是川菜馆，你给它送来一个猪肉炖粉条的菜谱。"

在我的鼓励下，女儿对预期目标的实现又有了信心。她跟我商量后，联系了"海天出版社"。这次非常顺利，书稿寄出后，编辑亲自上门找她谈话，判断这本书确实是出自她本人之手后，签订了出版合同，几个月后，《实话闲说》正式出版发行。

有时候，家长给孩子分享一下自己曾经遭遇的挫折，让孩子知道"无所不能"的爸爸妈妈竟然也有"糗事",是让孩子放下沉重心理负担的超级良药。

一般说来,任何预期目标的实现,都不可能一帆风顺,随随便便达成。它往往要经历失败挫折、挫折失败。这就需要有咬定青山不放松的劲头,这样,预期的目标才能得以实现。

我在前面讲过,我当年预期的职业目标是当教授。但这一职业目标的实现,也并非是顺风顺水的,我也经历过失败,我也遭遇过挫折。

我在转到教研部门之后,北大的一位学兄主持编写一本汉语词典,他邀请我参加编写工作。我很愉快地同意了。编写词典就要注释词条,我根据这位学兄的要求,撰写词条,做卡片。一个词条一张卡片。

当时,我女儿不满3岁,她从幼儿园回家需要我陪伴。因为词条编写任务量大,我就背着她伏案写作,查找资料。夏天,屋子热,没有空调,写作时,经常汗流浃背,一坐下来,裤子就粘到椅子上,我不得不蹲在椅子上写作。

我辛辛苦苦写作了 10 个月之久,终于完成了词条写作的任务。写词条的卡片装了整整一个大旅行袋。那一年,我先生在北大读书,我让先生上学时把那一大旅行袋卡片送到学兄的宿舍。

完成了任务,心里很高兴,等着词典出版。结果,等了半年,等来了学兄的电话,他很抱歉地通知我,说词典无法出版了，因为当时约好 12 个人一道编写词典，现在仅有你和另外 3 位同学完成了词条的撰写任务，其他人都没有完成。这个词典只能搁浅了。

10 个多月啊，不是 10 天。要说心里一点不难过那是假的，但我难过了半天，然后就自己安慰自己说，就当是学习了。

这部合作的词典走麦城了，但我并没有气馁，我决定自己编一本词典。

于是，我评估了一下自己的现有水平和能力，还有我当时在中共中央党校文史部工作教授学员写作的工作实际，着手编写词典。最后，我编写出版了 3 本词典：《作文名言警句词典》，24.5 万字；《作文分类比喻词典》，115 万字；《干部实用名言词典》，111 万字。

这 3 本词典的编写，丰富了我的知识，也为我的学术研究工作打下了很好的基础。

（三）千万不要去贿赂和威胁孩子

当孩子为确定的预期目标而开始行动的时候，家长要做的第一件事，就是准备好"喝彩声"："你想做的事，马上就去做了，很有行动力，真棒！"而不是"催促声"："赶紧做，别总是磨磨蹭蹭的！"

如果孩子的预期目标即便他很努力，也没有达成，怎么办？假如说，孩子设定了本学期数学考 90 分的目标，但最后考了 75 分，在班里几乎垫底，孩子很难过，说自己没有学数学的天赋，家长怎么办？

家长不妨跟孩子一起重审一下预期目标，看看这个预期目标是否不明晰、是否难度过大。如果目标不明晰，重新确定明晰的目标；如果难度过大，跟孩子的实际能力不匹配，就要调整预期目标，让预期目标跟孩子的实际能力相匹配。

家长要鼓励孩子向前看，问问孩子，下一次怎么做，才能比这一次做得更好？

家长要学会鼓励、欣赏孩子的努力："考了多少分不重要，重要的是妈妈（爸爸）看到了你每天都在努力。孩子，咱们继续加油！"

但无论如何，家长都不要贿赂和威胁孩子。比如："你下学期数学要能考 90 分，我就给你买个你想要的东西。""如果你下学期数学再考不到 90 分，你就不要再玩手机了！"

这种类似贿赂和威胁孩子的话，是不是经常出自家长之口？这些贿赂和威胁也许可以暂时帮助孩子实现预期目标，但却不会让孩子学会长久地去落实执行预期目标。而且，家长要是不兑现"贿赂"的承诺，还会导致孩子逆反。

有个孩子，上初中时，他参加了全省中学生物理竞赛。竞赛前，他父亲"贿赂"他说："你要是能取得物理竞赛前三名的好成绩，我给你买一辆××牌山地自行车。"当时，那辆自行车的价格是五百多元。这个孩子很喜欢这款自行车，他加倍努力，准备竞赛。

竞赛成绩揭晓，这个孩子考了第二名。他高兴地拿着竞赛成绩单，向他父亲报喜，并等着父亲兑现承诺，给他买一辆山地自行车。但等来的却是："按你的水平，你应该考第一名。现在考了第二名，还想要山地自行车，好意思吗？"孩子很生气，走进自己的房间，关上了房门，并因此在心里跟父亲结下了疙瘩，导致亲子关系对立多年。

家长鼓励孩子的努力，还要鼓励他全力以赴。有个小孩在搬一块大石头。父亲在旁边鼓励他："孩子，只要你全力以赴，一定能搬起来！"

孩子竭尽全力，但也没有把石头搬起来。孩子对爸爸说："我已经竭尽全力了！"

父亲对他说："你没有竭尽全力。"孩子听了这句话，一脸困惑。父亲对他说："我就在你旁边，你却没请求我的帮助！"

原来，全力以赴，并不是你一个人在战斗。全力以赴，是竭尽全力，穷尽所有办法，穷尽所有可利用的资源！

家长要帮助孩子实现预期目标，不仅要让孩子知道自身需要拼尽全力，穷尽所有办法，还要善于"用尽所有可利用的资源"。这就是要善于集思广益，汲取他人的智慧和力量。

唐僧西天取经如果没有孙悟空、猪八戒、沙和尚的帮助，别说九九八十一难，就是一难，他也难过去。

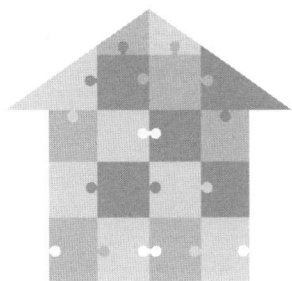

第六章

———

帮助孩子成为
更好的自己

本书的宗旨是要解决家长如何从容淡定、孩子如何自律自立的问题，要完成这个任务，就得解决方法问题，否则，家长从容淡定、孩子自律自立的任务是完不成的。这就好像我们要过河，过河就得解决桥和船的问题一样。没有船和桥，过河就会成为一句空话，就会成为水中月、镜中花。

一、培育好限量版的这朵鲜花

每个孩子都是世界上的唯一，都是限量版的一朵鲜花。家庭教育不是要把孩子改变成为另外一个人，成为别人家的孩子，而是帮助孩子成为更好的自己，即自律自立。

家长要帮助孩子成为更好的自己，离不开赞扬，更离不开鼓励，也离不开批评。孩子需要赞扬、鼓励、批评，就像植物需要水分和阳光一样。

（一）孩子需要赞扬，但赞扬要得法

有心理学者做过一项实验。他们把参与实验的孩子分为A、B两组。对A组经常给予赞扬，而对B组采取无视的态度，甚至经常批评。测试结果显示，经常给予赞扬的A组孩子自信心和处理问题的能力明显高于B组。

家长的赞扬能增强孩子的自信，能提高孩子的能力，这是无疑的。但赞扬必须得法，否则，会给孩子带来不利的影响。

家长赞扬孩子，一定不要空泛，也别含混，要具体实在。空泛、含混的赞扬会让孩子觉得家长很没有诚意，是敷衍自己。别以为孩子小，不懂这些。其实，孩子心里是很明白的。我女儿4岁的时候，有一天，我们俩聊天。我说："闺女真好！"她听了，反问我："我哪方面真好？"这引起了我的警觉。后来，我再赞扬她的时候，就注意不再空泛、含混，而是有意识地说出一些明确而具体的事情来赞扬她。明确而具体的赞扬能让孩子知道这件事情是正确的，是能够得到赞扬的。

家长赞扬孩子，更别言过其实。"告诉孩子你最棒！"这是家长经常得到的教诲。这真是有点"毁人不倦"。高尔基说："过分夸奖一个人，结果就会把人给毁了。"家长过分地夸奖孩子，也会把孩子给毁了。

（二）孩子需要赞扬，但更需要鼓励

都说"好孩子是夸出来的"，但我觉得，这种说法值得商榷。哪个正常的孩子能受得了这么多的夸奖。再说了，就算他受得了，也会把他夸得飘飘然，夸得自负自大了。所以，家长对孩子应该是适度赞扬，更多鼓励。

表扬和鼓励虽然都可以激励孩子积极向上，但两者的长期效果却有着很大的不同。表扬的长期效果会让孩子依赖他人；鼓励的长期效果会让孩子自信、自律、自立。所以，孩子需要赞扬，但更需要鼓励。

美国斯坦福大学行为心理学教授卡罗尔·德韦克和她的团队花了10年时间做过一个实验，这个实验是关于赞扬或鼓励对孩子心理和行为影响的。实验在纽约20所学校、400名五年级学生中进行。他们让孩子独立完成一系列智力拼图任务，测试分四轮进行。

第一轮测试：他们把孩子随机分为两组，给孩子准备了10个非常简单的智力拼图游戏。测试完成后，研究人员把分数告诉孩子，同时说一句鼓励或表扬的话。

A组孩子得到的评语是："你在拼图方面很有天分，你很聪明。"

B组孩子得到的评语是："你刚才一定很努力，所以表现得非常出色。"

第二轮测试：德韦克准备了10个同样简单的智力拼图游戏和10个复杂一点的拼图游戏，让两组孩子自由选择。结果发现，A组孩子大部分选择了简单的拼图；B组孩子90%选择了难的拼图任务。

这轮测试结束，德韦克在研究报告中写道："当我们夸孩子聪明时，等于是在告诉他们，为了保持聪明，不要冒可能犯错的危险。"

第三轮测试：这轮测试难度提高到了初中生的水平，所有孩子参加同样的测试，没有选择。结果，孩子们都败下阵来。

测试者发现，在测试的过程中，A组孩子一直很紧张，抓耳挠腮，不知所措。而B组孩子却非常投入，并努力用各种方法来解决问题。

测试结束之后，测试老师问孩子们，你们为什么失败？

A组孩子认为，失败是因为自己不够聪明。

B组孩子认为，失败是因为自己不够努力。

第四轮测试：德韦克又把测试换成了第一轮测试的那10个非常简单的智力拼图。但是这一次，结果却大不一样。

测试结果显示，A组孩子的得分和第一次相比，成绩退步了大约20%；B组孩子的得分和第一次相比，成绩提高了30%左右。

综合这四轮测试的情况，我们不难看到，表扬智商和鼓励努力这两种不同的夸奖方式，就基本上影响了后面三轮测试的效果。

对这个测试结果，德韦克是这样解释的："鼓励，即夸奖孩子努力用功，会给孩子一个可以自己掌控的感觉。孩子会认为，成功与否掌握在他们自己手中。而表扬，即夸奖孩子聪明，就等于告诉他们成功不在自己的掌握之中。这样，当他们面对失败时，往往束手无策。"

德韦克的实验让我们看到了"鼓励"和"表扬"获得的不同效果。

德韦克在后续研究中还发现：被称赞智力的孩子，为了取得好成绩，甚至会在测试中选择作弊和撒谎。

现实中，有的家长搞不清楚，什么是表扬，什么是鼓励。

表扬关注的是结果，鼓励关注的是过程；表扬是对结果的评价，鼓励是对行为的肯定。比如说，孩子期末语文考试成绩不错，得了98分。有的家长会对孩子说："闺女，你真棒！考了98分，妈妈很为你骄傲。"这是表扬。但也有的家长会说："闺女，你语文成绩比期中考试进步很大，真是一分耕耘，一分收获！"这是鼓励。

对孩子，家长要少表扬，多鼓励。如果家长过多地表扬孩子，孩子就会执着于结果。当孩子执着于结果，他就会为结果能否达成而担心；而家长执着于结果，也会为孩子能否达到结果而焦虑。

事实上，家长关注孩子努力的过程，比关注结果更重要。现实中，许多家长常常只表扬孩子取得的成果，而忽略了鼓励孩子努力的过程。鼓励孩子努力的过程，就是对孩子行为的肯定。肯定了孩子的行为，孩子在努力的过程中，即便是遭遇困难挫折他也会锲而不舍，他会一步一步地走向预期目标。

表扬可能会让孩子为了他人而改变，他寻求的是别人对自己的认可；而鼓励是让孩子为自己而改变；表扬关注的更多是外在的看法，"别人会怎么想我，别人会怎么看我"；鼓励会促进孩子更多地内省，"我努力得够不够"。

表扬一般是对孩子做得好的事情来进行夸赞，比如考了100分；而鼓励是针对孩子的努力和进步，上次考了70

分，这次考了 71 分就值得鼓励："你这次考试比上次进步了，努力真是没有白费！"

家长需要学会鼓励孩子，鼓励孩子不断进步，而不是跳跃式发展。有的孩子能"跳跃"，有的孩子是"跳跃"不了的。比如说，孩子这次考试全班倒数第三，你可以鼓励他下一回咱考倒数第四就行。这次考试得了 50 分，你鼓励他下回咱考 60 分就很好，及格了。如果你说下回你要是不考进全班第三名，不考到 90 分，你就别认我这个妈。有的孩子可能因此而拼搏达到了你的要求，但有的孩子就是累死他也达不到你的标准，那你还真的不让他认你这个妈？也许孩子还对认不认你这个妈无所谓呢，那你怎么办？

家长要鼓励孩子慢慢成长，就像小树苗一样，不可能一年就长成参天大树。揠苗助长是违背树木成长规律的。

（三）孩子需要批评，但要讲究方法

对孩子的教育，赞扬和鼓励是必须的，但孩子有了错误，也需要批评。古人云："人非圣贤，孰能无过？"对于"过错"，有的孩子能通过自我反省改正之，但有的孩子却认识不到自身的错误，甚至还明知有错而不想改正。对于认识不到自身的错误，甚至还明知有错而不想改正的孩子，家长还是需要对他们进行批评教育的。但家长对孩子的批评教育一定要讲究方式和方法。

首先，要注意场合和时机。每个人都是有自尊心的，孩子也是一样。家长不要认为孩子小，就可以随意批评他。有的家长不分场合和时机，只要是觉得孩子做得不对，就开口批评，甚至破口大骂。如果家长经常在大庭广众之下斥责孩子，孩子的自尊心会很受伤害。孩子不仅心理阴影面积会加大，还会对家长产生怨恨情绪，许多家庭亲子对立，就跟家长不注意批评的场合和时机有着很大的关系。

我在网络上就看到有人吐槽说，他最讨厌他父亲，外出工作十几年都不愿意回家。他为什么讨厌他父亲？他解释说，他读中学的时候，有一次开家长会，因为他的成绩不好，父亲觉得自己很没面子，便当着同学的面，给了他两巴掌，说是你让我没面子，我就让你没面子。

这孩子遇到这种父亲也是够糟心的。这也许很极端，但家长们扪心自问：

你在公共场所当着孩子同学朋友的面、当着众多亲朋的面批评过孩子吗？如果答案是"批评过"，那就要改正这种做法，因为这会大大伤害孩子的自尊心。

你在孩子刚端起饭碗要吃饭的时候数落过孩子吗？如果答案是"数落过"，那就要停止这种做法，因为这样做会影响孩子的食欲，时间长了，会影响孩子的身体健康。

你在孩子晚上睡觉前、早上起床后斥责过孩子吗？如果答案是"斥责过"，那就应该放弃这种做法。晚上睡觉前斥责孩子，会影响孩子的睡眠，孩子会做噩梦；清早起来就训斥孩子，孩子一天的心情都不会好。

其次，注意批评的方式和方法。关于批评的方式和方法，我觉得著名教育家陶行知的批评艺术值得家长们学习。

一天，陶行知在校园里看到一个叫王友的男生用泥巴砸同班的几位男生，陶行知马上制止了他，并让他放学后到校长室去。

放学后，王友早早地来到校长室门口准备挨训。这时，陶行知走过来了。他一看到王友，就掏出一块糖果递给他，说：“这是奖给你的，因为你按时来了，而我却迟到了。”

王友惊愕地接过糖果，愣愣地看着陶行知。这时，陶行知又掏出一颗糖果递给王友，说：“这块糖果也是奖给你的，因为当我不让你再打人的时候，你立即就住手了，这说明你很尊重我，我应该奖励你。”

王友更惊愕了，他不知道陶校长到底想干什么。这时，陶行知又掏出一块糖果放到王友的手里说：“我已经调查过了，你用泥块砸那些男生，是因为他们不守游戏规则，欺负女生。你砸他们证明你很正直、善良，并且有跟坏人作斗争的勇气，应该奖励。”

王友听了非常感动，他失声叫了起来：“校长，你打我吧，我砸的不是坏人，而是自己的同学呀！”陶行知满意地笑了，又掏出一块糖果递给王友，说：“你能正确地认识错误，这块糖果值得奖励给你。现在我已经没有糖果了，你也可以回去了。"

用泥巴砸其他同学，显而易见不是一件好的事情，但陶行知却巧妙地把"坏事"变成了"好事"，让王友自己认识到了错误。

另外玛丽·凯什推崇的"三明治策略"，也值得家长们借鉴。玛丽·凯什是美国著名的实业家，她所推崇的"三明治策略"，就是"夹在两大赞美中的小批评"，也就是说，"不管你要批评的是什么，都必须找出对方的长处来赞美，批评前和批评后都要这么做。"这种批评的方法，虽然批评的内容一点也不少，但会减少孩子对批评的阻抗心理。

在一所中学里，有一位名叫王新的同学在上外语课时看小说。下课后，老师把他叫到办公室，和蔼地对他说："你是班里的语文课代表，语文成绩向来不错。"说完这句话，老师停顿了一下，然后又说："你能给我解释一下'专心致志'这个成语是什么意思吗？"

王新回答说："这个成语的意思是说，无论做什么事，都应集中精力，一心不可二用。"

听了王新的解释，老师说："你回答得非常好。但你能不能举个具体的例子来说明一下？"

听了这句话，王新的脸"唰"的红了。他低下头吞吞吐吐地说："就拿刚才上外语课来说吧，我没有注意听讲，在下面看小说，这就没有做到'专心致志'。老师，我错了，请您原谅我吧！"

老师听了他的解释和举例说明，笑了。然后对他说："你对'专心致志'这个成语的理解非常到位。不愧为语文课代表。"说完，老师轻轻地拍了一下他的肩头，让他回教室去了。以后课堂上，王新再也没有犯过类似的错误。

　　王新上外语课看小说，不专心听讲，显然是违反了课堂纪律。但老师并没有直接指责训斥他，而是先表扬他语文成绩好，然后通过让他解释"专心致志"这个成语的方式，对他进行小批评，最后又赞扬他对"专心致志"这个成语的理解非常到位。这就是"三明治策略"。

　　第三，批评要给出建议。家长批评孩子，不但要使孩子受教育，还要让他明确怎么做才是正确的，不能为批评而批评。现实中，有的家长把孩子批评了半天，甚至打得屁股红肿，孩子也不知道哪里错了，也不知道自己应该怎么做，这显然偏离了批评的主旨。

二、营造优良的家庭教育环境

　　幸福的家庭可能有各种各样的标准，但优良的家庭环境则是重要的一条标准。就孩子的教育而言，家庭教育环境是影响孩子成长的主导因素。孟母三迁的故事许多人耳熟能详。

　　孟子小时候，居住的地方离墓地很近，孟子学了些祭拜之类的事。他母亲说："这个地方不适合孩子居住。"于是把家搬到集市旁，孟子学了些做买卖的东西。母亲又说："这个地方还是不适合孩子居住。"她又把家搬到学校旁边，孟子开始变得守秩序、懂礼貌，喜欢读书。孟母说："这才是孩子居住的地方。"于是，就在这里定居下来了。

　　孟子之所以能成为"亚圣"，跟他的母亲有着直接的关系，孟母知道环境对孩子的影响，所以"三迁其家"。正所谓"橘生淮南则为橘，生于淮北则为枳"。

（一）教育孩子读书学习不必用棍棒

有一段时间，本来就很火的中央电视台著名主持人董卿，因为《中国诗词大会》又"火上浇油，火上加火"。有朋友给我发来她主持《中国诗词大会》的视频资料，也有朋友给我发来董卿成长过程的文章《虎爸之下董卿的童年》。

看了她的主持视频资料，我欣赏、喜欢董卿的气质、才华和风度，但看了她的成长过程的文章，我却怎么也喜欢不起来。

董卿是怎样成长起来的呢？文章说，一识字就背诗词、不许照镜子、初中开始打工，一度怀疑是否亲生。她父亲甚至讥讽她，马铃薯再打扮也是土豆，你每天花在照镜子上的时间还不如多看点书。她的父亲还不让董卿妈妈给她做新衣服，认为女孩子不能把过多心思放在穿衣打扮上。

文章还说，董卿小时候最痛苦的就是吃饭。在饭桌上，父亲会各种数落她，经常是她一边吃饭一边哭。她最期盼父亲出差，这样就可以轻松自由几天。父亲的魔鬼教育让幼年的董卿备受煎熬，甚至一度对父亲充满怨恨。

看到文章的这些描述，我真的不知道董卿小时候的心理阴影面积到底有多大，但我知道，董卿的人生至少有几千天的日子没有阳光。

一个人即使是活到一百岁，加上闰年，也就是 36525 天。董卿初中毕业咱们就算她 15 岁，那她至少有 5478.75 天备受煎熬（俺数学不好，算错了您别喷我）。

如果是我的话，我宁愿让我的孩子平凡、健康而快乐地过一生，也不愿意让我的孩子以此为代价来出人头地。

教育孩子读书学习难道一定要用棍棒吗？

有一次，我坐出租车去机场。这辆出租车的司机经常在中央党校门口趴活，跟我算认识。

我上车之后，他就跟我说："你们教授的孩子聪明，上的大学都不错。不像我们的孩子，不喜欢学习，想考个大学太难了。"我说："其实也谈不上聪明，只是教授家里学习环境好一些。"他反问我："环境？"我说："是的。"我接着问他："您收车之后，回家干什么？"他说："看电视啊。有时候叫上几个朋友来家里搓麻将。"我又问："那您爱人呢？"他说："我爱人在家除了做饭，就是看电视、搓麻将。"

听了他的话，我笑着告诉他："原因其实很简单，教授家里有读书的环境，你们家里有看电视、搓麻将的环境。你们在看电视、搓麻将，孩子没有那么大的自控力，即使你把他关在一间房子里，他也会竖着耳朵听电视播放和搓麻将的声音。你想让他安心读书，怎么可能呢？"

写到这里，我想起我女儿3岁时的一件事情。当时，我与婆婆住在一起。一天，我小姑子的公婆来我家做客。我婆婆知道他们要来，特意去商店买了一副麻将，跟他们一起玩。我女儿第一次见到这玩意儿，兴奋异常，在牌桌上用小手帮着洗牌、码牌。当然是乱洗、乱码。

等客人走了之后，她还兴趣不减，让奶奶陪着她玩麻将。就这样，一连玩了 3 天，而且还大有上瘾之趋势。我一看这样下去不行，就跟婆婆商量，让她去我小姑子家住几天，把麻将带走。

婆婆很通情达理，带着麻将去了我小姑子家。一个星期之后，女儿忘了麻将的事，我们去把婆婆接回了家。从此之后，我们家里再也没有谁玩过麻将。

2017 年 2 月 4 日那天，一位教授在朋友圈里发了一张图片，配了一行字："把自己塞进角落"。我一看，是她上小学的女儿把自己塞进书柜旁的角落安静地读书。从我对这个孩子的了解，我敢肯定地讲，这孩子，你让她学习不好都不可能。

如果你有机会到教授家里去看看，哪家不是书柜林立？如果一个人的家里只有酒柜而没有书柜，只有麻将桌而没有书桌，他想让孩子愿意读书，那他只能用棍棒伺候了。

2017 年 2 月 9 日那天，另一教授在她的微信朋友圈连发了几幅图书照片，并配了一些文字。在文字叙述中，我了解到，她正在看她儿子高中时读的一本书《最后一役》，书的内容是讲诺曼底登陆的。

这位教授的儿子也是相当优秀。这孩子的优秀也是家庭环境熏陶出来的，而非棍棒教育的结果。

人可以创造环境，环境也可以创造人。棍棒教训下的孩子读书，是痛苦的读书经历；环境熏陶下的孩子读书，是愉悦的人生体验。

曾经有个关注我微信公众号的朋友给我留言，说她的两个孩子不喜欢读书学习，问我有什么办法，并让我给制订一个读书学习计划。

我从来都没给自己的孩子制订过读书学习计划，怎么可能给别人家的孩子制订读书学习计划呢？再说，孩子要是不愿意读书学习的话，即使你给他制订了读书学习计划也是没什么用的。所以，我告诉她，要引导孩子的读书学习兴趣。她说怎么引导？我问她，您下班之后吃完饭在家里做什么？她说，玩手机。于是，我建议她，放下手机，拿起书本，给孩子树立一个好的读书学习榜样，哪怕你读菜谱也好。

我曾经给女儿撰写的《实话闲说》一书写过序。在序中，我写有这样一段话：

这孩子嗜书如命，见了好书，比见了我这亲妈还亲。正像她在上小学五年级时的一份"自传"中所写的："吾酷爱读书，杂书、正书（正经的书）百无禁忌，是书就读，誓死做个勤于啃书的书虫。5 年书虫生涯，无甚作为，只验证一理：读书破百卷，下笔还无神，前途无'亮'。望能继续沉浮书海、学海之中。"

我女儿喜欢读书学习，其实，原因很简单，是我跟先生喜欢读书学习的结果。

我女儿从小学到获得四个硕士学位，我从来就没有为她的读书学习操过心，更不用说棍棒伺候，男女混合双打了。即使是在她高考阶段，我也是该出差就出差，该干嘛就干嘛。

简言之，做家长的，如果想让孩子喜欢读书学习，那就把"闲聊"变为"闲读"，把"酒柜"换成"书柜"，把"麻将桌"变为"书桌"，多买几本书来读。屋中有书香，自然熏得孩子愿意读书；家中有榜样，自然引领孩子喜欢学习。

（二）别以爱的名义给孩子造成伤害

"关爱"与"伤害"本是一对反义词。但是这对反义词，有时候却不反义，实为同义。怎么讲？您看了下面的文字自然就清楚了。

要问世界上谁最爱你？父母啊，这还用问。尤其是咱们中国做父母的，宁愿自己吃苦受累，负重爬楼梯，也想让孩子轻松空手乘电梯；宁愿自己省吃俭用，一件衣服新三年旧三年，也想让孩子穿着耐克鞋，背着 LV 包。按说，这样的父母，孩子没有不感恩的理由。但有时候结果却让人大跌眼镜。父母的付出不仅没有收获孩子的感恩，相反，有的父母却收获了孩子的不满、收获了孩子的怨言，甚至收获了孩子的仇恨。

为什么会是这样？原因固然很多，但是，父母以关爱的名义剥夺了孩子的选择权，不能说不是一个重要的原因。既然我含辛茹苦把你拉扯大，你就得听我的。再说啦，我吃过的盐比你吃过的饭还多，我走过的桥比你走过的路还长，你听我的没错。于是，孩子未来的一切就都由家长给做主了。

高考填报志愿，孩子喜欢医学，家长说了，当医生有什么好的，要值夜班，弄不好还能碰上医闹。还是报金融专业吧，离钱近的地方赚钱多。

找女朋友，孩子看上了一个来自外地的女孩子，家长说了，干吗找外地的呀？将来七大姑八大姨来家里多麻烦，找个本地的姑娘吧！

孩子本科毕业了，想找工作，家长说了，现在的本科满大街都是，本科能找什么好工作，家里又不缺你挣的那点工资，要么考研究生，要么出国，反正就是不能去找工作。

相反，孩子不喜欢的，却硬塞给孩子。别人家的孩子学弹钢琴，咱也不能落伍；别人家的孩子学绘画，咱也不能落后。甚至把自己的喜好强加到孩子的身上。在2017年3月13日的《新京报》文娱新闻版，我看到著名相声演员常宝华的孙子常远的成长经历。

常远说，因为爷爷，他3岁就开始学说相声。自己其实一直都没喜欢过相声。"可能是从小到大非要教我，让我有了抵触情绪，到现在我也不喜欢相声。"常远还回忆说："只要知道要跟爷爷去演出，从接到通知那一刻起，我就开始失眠，一直到演出结束，就想着什么时候才能演完啊！"常远说，在他的记忆里，童年最快乐的时光就是不用跟爷爷一起演出的日子。

谁也不能否认，常宝华爱孙子，但他却把自己的喜好强加在孙子的身上，结果，无意间造成了对孙子的"伤害"。

我认识一个女孩子，从美国留学回国。因为舅舅在北京工作，家人让她选择留在北京。因为她在北京没有购房，舅舅家的房子比较大，舅舅舅妈就热情地邀请她住在家里。但是，她在舅舅家里住了不到两个月，说什么也不住在舅舅家里了，宁愿跟别人合租简易楼房。

为什么？舅舅舅妈对她太关爱了。

穿衣服，稍微暴露一点，舅妈就提醒她，这样穿衣服不安全；买点甜食，舅舅告诉她，女孩子总吃甜食，容易长胖；下班后跟朋友逛个街，舅舅知道了，会谆谆教诲，别总逛街，有时间读点书。

这个女孩说，她不管是穿衣、吃饭、逛街，总觉得后面有四只眼睛在盯着她，让她紧张得像做地下工作。在舅舅家根本没有自由可言。

我们看，这个女孩子的舅舅舅妈真的是关爱着这个女孩子，但这种关爱却限制了她的自由，这种限制其实是无意"伤害"了这个女孩。

（三）要正确面对喜欢发脾气的孩子

2017年3月9日，我的微信公众号的一位关注者给我留言："我的孩子是个男孩子，刚上初中，他最近老跟我发脾气，刘教授，你能给个解决的建议吗？"

看了她的问题，我笑了。为什么笑？因为我本是研究领导科学和管理的，怎么成了研究青少年教育的了？但转念一想，家庭也是需要领导，也是需要管理的，那我就充一回"大尾巴狼"，斗胆以公开的方式来回答一下她提出的问题。因为我觉得她提出的问题，还是有些普遍性的。

这里，我先问一句：孩子怎么就不能发脾气？一看我的问题，这位家长可能不高兴了，我是想让你帮助解决孩子发脾气的问题，但你这句问话横看竖看都是孩子能发脾气。既然如此，我还向你咨询什么，你这个专家也就是"砖家"而已。

你说得没错。我这句问话横看竖看都是孩子能发脾气。至于是专家，还是"砖家"，随你怎么想。

为什么孩子能发脾气？因为孩子是一个独立的个体呀，他也有自己的喜怒哀乐，做家长的你自己反思一下，你这一辈子就没跟父母发过脾气？你要真的一次脾气都没发过，我不扶墙，只服你。

说句表扬自己的话，我从小到现在，不敢说从小到老，父亲健在，我就是孩子。我一直是父母眼中的乖乖女，邻居口中懂事的孩子。但即便如此，我也跟父母发过脾气。当然是偶尔。

那是把父母接到北京居住的第二年，我看父母洗脸用的毛巾太旧了，就给他们拿了两条毛巾让他们换一下。毛巾拿去了，但他们把新毛巾存起来了，依然用那条旧毛巾。我以为他们觉得毛巾少，舍不得用，就一下子买了30条毛巾送给他们，并亲自动手把旧毛巾扔到一个旧箱子里，准备下楼时带走扔了。

结果，我一转身，这两条旧毛巾又上了毛巾架。我虽然理解他们苦日子过惯了，勤俭节约，但也不能总是抱着老皇历不放吧。于是，我跟父母多年来第一次发了脾气，"责令"他们把那两条旧毛巾扔掉。最后彼此妥协，那两条旧毛巾当作抹布了。（当然，现在想起来后悔，有话好好说嘛。）

既然你能跟父母发脾气，孩子怎么就不能跟你发脾气？难道你就特殊？

也许你说，我脾气就是好着呢。我就是从来没跟父母发过脾气，别说父母，我跟爱人也从来没有发过脾气，那我再一次佩服你。不是佩服，而是敬佩。

但即便如此，你也不能要求孩子从来不跟你发脾气。现在是什么时代？现在是独生子女的时代。以往兄弟姐妹多，孩子不高兴了，兄弟姐妹打一架，不良的情绪就宣泄了。现在每家基本上就一个孩子，他要是有学习压力，有矛盾纠结的压力，他向谁释放？

向老师释放？他敢？遇到包容大气的老师还好，遇到一个"更年期"的老师，不把孩子整得丢盔卸甲算你家幸运。当年我女儿上初中的时候，她就遇到了一位"更年期"的语文老师，那三年，要不是我这个做家长的能够正确理解女儿，真不敢想象结果会怎么样。

向同学释放？他敢？现在的孩子都是各家的掌上明珠，谁也受不了一点委屈，孩子向同学释放，孤立他是好的，搞不好，校园暴力就产生了。你总不会希望孩子每天被打得鼻青脸肿地回家吧？

孩子唯一能够释放的就只能是家长了。因为在孩子眼里，家里是安全港，父母是安全阀，即使是自己发脾气，家长也能原谅他。

要是他跟谁都不能释放，你想憋死他呀！有的孩子为什么郁郁寡欢，有的孩子为什么长大后心理出现问题？有许多都是心理问题得不到释放的结果。有句名言怎么说的？不是在沉默中爆发，就是在沉默中灭亡。

人的负面情绪是要疏通宣泄的，大人如此，孩子也是一样。

有的家长一看孩子有点脾气，就觉得大逆不道。其实，这跟传统的观念有关。我们中华民族的传统观念，有的是文化精华，值得继承并发扬；有的已经过时了，需要抛弃。

君君臣臣、父父子子，无非是要无条件地服从。其结果，培养的是奴才，而不是一个具有独立人格的人才。

哪个做家长的希望自己的孩子到社会上成为一个任人宰割的小绵羊？如果你说，我希望，那我就对你佩服得四脚朝天、五体投地了。

时代不同了，孩子不一样。古训，父母在不远游，那是因为当年交通不便利。就算你骑个千里马远游，从南京到北京也得走两天。现在，坐飞机，两个小时就到了，就是去美国，也不过是十几个小时。怎么就不能远游？如果你还在固守着这种观念，岂不是迂腐？

我当年要是固守着这种观念，那我现在可能就在辽宁省丹东市某个名不见经传的小山沟里、坐在门槛上跟一些老太太们聊一些张家长李家短呢！

虽然我说孩子能跟父母发脾气，但并非是要教唆孩子做"斗牛士"，跟家长对着干，我也是做家长的，我要是真的如此，我那不是搬起石头砸自己的脚吗？我虽然不总会助人为乐，但肯定不会损己为乐，我虽然聪明有限，但却不会傻而无限。

我提出这样的问题，给出这样的答案，是想让家长正确认识、正确理解、正确对待孩子发脾气。平心静气地想一想孩子为什么发脾气？

孩子发脾气，难道做家长的就没有自身的原因吗？

你是否把你自己的要求强加在孩子的身上？而不跟孩子沟通商量？

你是否在家里为一点鸡毛蒜皮的小事，就乱发脾气、大呼小叫？

你是否孩子有了一点错误，就先是"男女单打"，然后，"男女混合双打"？

当你把自己的要求强加到孩子的身上时，孩子无法承受，必然要通过发脾气的方式来反抗。

当你在家里为一点鸡毛蒜皮的小事就乱发脾气、大呼小叫时，你就是孩子的"榜样"。

当孩子犯了一点错误，你却不加引导，而烧火棍伺候的时候，你的烧火棍就是孩子反抗的工具。

爱孩子，要从理解和了解孩子开始。理解万岁，了解永存。家长要理解孩子学习的压力、工作的压力、生活的压力；家长要了解孩子发脾气的原因，不要纠结于发脾气的现象，而要通过查找发脾气的原因，帮助孩子解决问题，釜底抽薪。

爱孩子，要用沟通来做桥梁，而不是强迫命令。沟通是双向度的，孩子有表达意愿的权利；强迫命令是单向度的，是我说你听。这是不尊重孩子的表现。

爱孩子，要把孩子当朋友，而不是当作管教的对象。既然是朋友，就需要以平等之心对待孩子，而不能居高临下。这也是孩子的心声。

某日，我一同事在微信朋友圈发了个帖子："今天女儿居然抗议道：不要再用和蔼可亲的目光看我，我已经长大了！我晕，长大了看的眼神也得变啊？"

帖子发出后，有同事留言："可以用欣赏的目光。"后来，这位同事又补充道："让用平等的眼神看。"

我特别喜欢这个孩子，这是一个喜欢读书、喜欢思考的孩子。她能跟她的妈妈提出这样的"抗议"也足见她的不凡。

这也让我想起一件往事。我女儿6岁的时候，我们两个坐在写字桌旁聊天。我跟她聊一会儿之后，就忍不住一边跟她聊天，一边收拾抽屉里的杂物。结果，女儿不高兴了，向我提"抗议"："妈妈，您尊重我点好不好，我跟您说话呢！"我赶紧向她道歉，关上抽屉跟她认真聊天。

仔细思考，女儿提的"抗议"有道理。跟朋友聊天时，我能忽视朋友的存在去收拾抽屉吗？肯定不会，既然不会，孩子也同样不能忽视。

看到了吗？现在的孩子已经不同于以往的孩子，他们聪明、早慧，他们需要尊重、需要理解、需要平等。

写到这里，我得补充，也是必须得补充。我说孩子能发脾气，但并非是说孩子可以乱发脾气，乱发脾气是无理取闹。

并非是说孩子可以不尊重家长，孩子想干什么就干什么。家长和孩子都是需要尊重的。在家庭生活中，家长有家长的责任，孩子有孩子的责任，而不能只享受权利而不履行责任。

三、建立新型的家庭养育模式

　　传统的家庭养育模式，是以驯服教育为理念，孩子与家长之间的关系是管教与被管教的关系，是支配与被支配的关系，是服务与被服务的关系。这种家庭教养模式，容易诞生强权式、控制式、溺爱式的家长，容易培养逆反式、依赖式和"白眼狼"式的孩子。因此，家长要淡定从容，孩子要自律自立，必须改变传统的家庭养育模式，建立新型的家庭养育模式。

（一）家长要做孩子的知心朋友

　　在家庭关系中，家长做孩子的知心朋友，应该成为家庭教育的主流来坚持。现实生活中，有些家庭亲子关系不和谐，甚至亲子关系对立，现象可能多种多样，但根源却只有一个，就是以驯服教育为理念的传统家庭养育模式。

在家庭教育中，有的家长不是把孩子看成独立的个体，而是当成自己的附庸、附属品，当成私有财产，想怎么"处置"就怎么"处置"。而随意"处置"的结果，是厌学、不能自律自立，甚至是忘恩负义。

要改变这种现状，解决这些问题，家长需要抛弃传统的家庭观，不做孩子的"家长"，要做孩子的知心朋友。

家长做孩子的知心朋友，就要把孩子当作家庭中的一个平等成员。孩子既然是家庭中的一个平等成员，孩子就有权决定他自己的事情，家长就无须事事包办代替，就无须支配一切、指挥一切。应该给孩子一个宽松的成长环境。

我在网络上曾经看到过一个故事：有一位教育工作者，他有一儿一女。他对女儿要求低，觉得女孩子早晚是别人家的人，读点书就行了。至于儿子，他觉得是自己家的根，一定要出人头地，光宗耀祖。于是，他对女儿很宽松，而对儿子管控得很严，"胡萝卜加大棒"，小时候这种管控似乎有点用，慢慢地就失去效用了。最后的结果，是父亲"要我学"，变成了儿子"我厌学"，公认的有天赋的儿子一事无成；而女儿却博士毕业，成了小有成就的科研工作者。

给孩子宽松的成长环境，不是放任孩子像野草一般生长，而是要适当适度地予以引导，关系到孩子切身利益的事情，家长要平等地跟孩子沟通，多听听孩子的意见。

家长适当、适度地予以引导，就是给出参考建议，而不是"一锤定音"，最后的决定权不在家长，而在孩子。尤其是孩子已经懂事的时候，更是应该如此。

家长如果"一言堂""家长制"，强迫孩子去做他不喜欢的事情，不仅会让孩子只知道听从家长的意愿，渐渐失去自我，无法自立，还会让孩子怨恨家长，亲子关系变得糟糕。

黎巴嫩著名诗人纪伯伦，曾经写过一首题为《孩子》的诗。诗中写道：

你的儿女，其实不是你的儿女。

他们是生命对于自身渴望而诞生的孩子。

他们借助你来到这世界，却非因你而来。

他们在你身旁，却并不属于你。

你可以给予他们的是你的爱，却不是你的想法，

因为他们有自己的思想。

你可以庇护的是他们的身体，却不是他们的灵魂，

因为他们的灵魂属于明天，属于你做梦也无法到达的明天。

纪伯伦写得很有意境。如果家长能够读懂这首诗的意境，就不会再把孩子当成自己的私有财产，而是把孩子当作人类的孩子来对待，这样便可以超越个人情感、超越功利心态，按规律来教育培养孩子。只有将孩子作为独立的生命个体来看，不是作为自己的附属品，才可以使孩子的人格受到尊重！

孩子是独立的个体，不属于我们任何人，只属于他自己。

（二）让孩子为选择的结果负责

家长要想让孩子自律自立，还需要培养孩子的选择判断能力，并让孩子在选择判断中学会为选择判断的结果负责。这其实是非常重要的一点。

美国斯坦福大学的沃尔特·米舍尔（Walter Mischel）博士曾经做过一个著名的"棉花糖实验"。实验过程是这样的：

实验者让几个四岁左右的孩子单独待在一个房间里，给他们一颗棉花糖。实验者告诉孩子，如果你能坚持15分钟不吃这颗棉花糖，会再给你一颗棉花糖作为奖励。随后，实验者就离开了。留下了小朋友独自面对诱惑的棉花糖。

实验者刚离开，有的小朋友就把棉花糖塞进了嘴里；但有的小朋友想尽各种办法让自己抵得住诱惑，终于在15分钟之后，又得到了一颗棉花糖。

对于这个实验，不管是研究者，还是后来的专家学者，大家普遍的看法是，"这个实验首次将延迟满足作为一个独立的研究内容进行实验探索。所谓延迟满足，指的是为了更有价值的长远结果而主动放弃即时满足的抉择取向，并且在等待期中展示自我控制的能力。"

这固然如此，但除此之外，我觉得这个实验也告诉孩子，你要对自己的选择结果负责。你选择马上吃掉这颗棉花糖，就要承担没有第二颗棉花糖吃的结果；你选择暂时不吃这颗棉花糖，你就将得到第二颗棉花糖吃的结果。

人的一生面对着各种各样的选择，尤其是在人生路口。与其说"性格决定命运"，不如说"选择决定命运"。不同的选择会有不同的人生。

　　家长养育孩子，不要总是大包大揽，剥夺孩子选择判断的机会。你能帮助他选择一时一事，不能帮助他选择一辈子所有的事。"授之以鱼，不如授之以渔。""父母之爱子，则为之计深远。"深远之计，就是要让孩子从小锻炼选择判断能力，并懂得承担选择判断的结果或后果。这样，他在今后的人生道路上，才会谨慎而正确地进行选择判断。

　　假如说孩子从小到大选择判断权都掌握在家长的手中，他在学习、生活和工作中遇到不如意的事情，就会抱怨家长给他进行了错误的选择，而拒绝为这些选择的后果承担责任。

　　但是，如果家长一直给孩子提供选择的机会，并把最终的判断权交给孩子，即便孩子选择决定错了，孩子也会从自身查找错误的原因，而不会简单地归罪于家长。

　　这样做是不是家长对孩子不负责，眼看着他犯错误？非也。即便是家长的选择也不一定百分之百地正确。你千万不要跟我说，我吃过的盐比孩子吃过的米多，我走过的桥比孩子走过的路多。

　　给孩子提供选择的机会，并把最终的判断权交给孩子，这是真正地对孩子负责。孩子在不断的选择判断过程中，慢慢会领悟到一个很重要的事实：人生是要自己选择的，是要对自己的选择负责的！

总之，家长要让孩子有权坚持自己的想法、行为和情感，并对产生的一切结果负责。

—— （三）家庭建立个性化激励机制

辛亥革命时期女革命家秋瑾说过一句话："水激石则鸣，人激志则宏。"激励是调动孩子学习积极性、主动性的有效方法。事实证明，在家庭中建立个性化的激励机制，是家长从容淡定，孩子自律自立的根本保障。

家庭要建立个性化的激励机制，家长需要了解激励的过程。激励，实际上就是满足需要、激发动机、鼓励行为、目标引导的过程。

第一，满足需要。需要，是激励的逻辑起点。心理学和行为学的研究证明，人的行为都是有目的的，而这种有目的的行为，都是出于对某种需要的追求。这就是说，需要，是驱使人们从事各项活动的一种源动力。

孩子的需要是多方面的。但从性质上来说，主要包括两个方面的内容：一是物质需要，如衣服、食品等；二是精神需要，如表扬、鼓励、拥抱等。

激励孩子，家长就应该从满足孩子的这些需要入手。比如，孩子在外面助人为乐了，家长奖励了他一块巧克力，这就标志着他的行为得到了家长的认可，从而受到鼓舞。这是物质激励，而幼儿园给孩子发小红花，则是精神激励。

满足孩子的需要，虽然是家庭个性化激励实现的基础。但是，由于主、客观条件的制约，家长不可能将孩子的所有需要都能予以充分地满足。家长只能有选择地部分满足孩子的需要。一般说来，家长应该设法满足孩子的优势需要、合理需要与内在需要。

优势需要，是孩子在某一时间内最强烈、最紧迫、最主要的需要。家长要善于发现孩子的优势需要，并在条件允许的情况下，予以及时地满足孩子的需要。

合理需要，是孩子的需要合乎社会道德规范，且不超越家庭、家长的能力，而这种需要被满足之后能起到好的激励作用。家长要善于区分孩子的需要是否合理，对合理的需要，要尽量予以充分地满足。

内在需要，是人的心理上和精神上的深层次需要，也是孩子的高级需要。它远比生理需要和物质需要更难识别、更难满足。但这种需要一旦被满足，其激励效果会大大好于生理需要和物质需要的满足。因此，家长要善于辨识孩子的内在需要，并有针对性地予以满足。比如说，被尊重的需要、情感归属的需要、自我价值实现的需要，等等。有时候，孩子在孤独无助的时候，家长的一个拥抱，就会让他浑身充满力量，就会唤醒他的内在激情。

第二，激发动机。动机是个心理学概念。它是引发并维持人的行为以达到一定目的的内在动因。人的需要是动机产生的基础。需要被人所意识到之后，就会产生动机，产生了动机就能激发人的行为。动机是推动人行为的源动力。既然动机是推动人行为的源动力，那么，家庭个性化激励的直接目的就是激发孩子的行为动机，让孩子有内驱力。

家长应该选择适宜的方法，激发孩子积极向上、努力学习、自律自立的动机。

要强调的是，动机属意图、愿望、想法等观念形态，隐藏在行为的背后，无法直接观察和判断，只能间接推断。因此家长要想激发孩子的动机，首先必须了解孩子的真正动机，这样才能有的放矢地进行激发。

第三，行为鼓励。行为是人的外显活动。人的需要和动机是行为的基础，是行为的内驱力。相对于满足需要和激发动机来说，鼓励行为更容易些。因为行为是外显的，观察、把握起来比较方便。家长在激励孩子的过程中，必须注意鼓励正确行为，并予以强化；必须注意抑制错误行为，并予以引导；必须注意以身作则，树立行为的榜样。不仅如此，还要建立行为规范，并能将这种规范内化到孩子的行为中去。

第四，目标引导。目标，是指行为所要达到的预期结果，是满足需要的对象。人的行为不是盲目的，它不仅有起因，而且有目标。目标对人的行为有导向作用，是行为的追求物。

家长要有效地激励孩子，一定要注意用适宜的奋斗目标来对孩子的行为予以引导。在目标引导时，家长要注意两个结合：一是将孩子的个人奋斗目标与社会发展的目标相结合；二是将短期目标与长远目标相结合。

总而言之，在激励的过程中，需要、动机、行为和目标是密切相连、环环相扣的。需要引发动机，动机转变为行为，行为指向目标。因此，家长运用激励的方式和方法，在家庭建立个性化的激励机制，一定要注意将这"四者"紧密地结合起来，理清它们之间的联系，综合上述四种操作，内外互补，来求得最佳激励效果。

为什么要强调建立个性化的激励机制？这是因为每个孩子的需求是不同的，家庭予以满足孩子需求的条件也是不一样的。

2016年7月24日，我到西宁出差。晚餐时，主人用最富当地特色的食物招待了我。我把美食图片发给一位年轻的朋友。朋友说："好东西，我都要馋死了。"接着说："满桌的美食您食不得。"

当然，朋友说"馋死了"是开玩笑，但说我"食不得"却是真的。因为平常我多半素食，烤串更是不敢问津，辣的食物因为体质的原因也不敢享用。所以，看着满桌佳肴我只能望"桌"兴叹。为了不悖主人的好意，我言称在飞机上吃过晚餐，象征性地各吃了一块，深表谢意。

大家看，我的需要跟那位朋友的需要就完全不同。由此我也联想到"因材施教"的重要性。因材施教就在于它能从学生的实际情况、个别差异出发，有的放矢地进行有差别的教学，使每个学生都能扬长避短，获得最佳发展。事实上，如果能够因材施教，每棵树都会开花，即使不开花也会长成参天大树。

有个叫周舟的孩子，智商余额不足，但他的父亲却把他培养成音乐指挥人才。如果他父亲不顾儿子自身的条件，想把他培养成科学家，累死他也成不了（我绝对没有贬低音乐指挥人才的意思）。

家庭建立个性化的激励机制时，家长一定要根据家庭的实际情况，针对孩子的个体需求差异，来制订个性化激励机制方案，并根据孩子的成长进步情况，不断进行修改完善，充分发挥激励的作用，实现孩子预期的成长目标。

四、用现代管理方法管理孩子

传统的驯服教育等方法已经不能适应对现代孩子的管理了，家长的擀面杖、烧火棍、鸡毛掸子应该送到家庭博物馆里，如果有的家长还舍不得放弃擀面杖、烧火棍、鸡毛掸子，那等待他的只能是自食恶果。现代的孩子必须用现代的管理方法来管理。

（一）猎狗追兔子寓言故事的启示

有一则猎狗追兔子的寓言故事，许多管理者常用它来谈激励机制的问题。我觉得这则寓言故事对家庭建立个性化的激励机制也会有很大的启示。故事说：

一条猎狗追赶一只兔子，但它追了很久也没有捉到。牧羊人看到这种情形，就讥笑猎狗说："你这么大的个头还没有小兔子跑得快。"

猎狗回答说:"你不知道,我们俩跑的目的不同!我是为了一顿饭而跑,它却是为了性命而跑!"

猎狗的话被猎人听到了。猎人想,猎狗说得好有道理啊,那我要想得到更多的猎物,需要想一个好的办法。

于是,猎人又买来几条猎狗,凡是能够在打猎中捉到兔子的,就可以得到几根骨头啃,捉不到的就没有骨头啃。

这一招果然有用。猎狗们纷纷去努力追兔子,因为谁都不愿意看着别的猎狗有骨头啃,自己饿肚子。

一段时间后,猎人发现有问题了。猎狗们捉到的兔子越来越小。猎人问猎狗:"你们最近捉的兔子为什么越来越小了?"猎狗们说:"小兔子好捕,大兔子难捉,但奖赏却没有区别,我们干吗要费力气去捉大兔子呢?"

猎人经过思考之后,决定改变激励方案。让分配的骨头的数量与是否捉到兔子脱钩,与捉到兔子的总重量挂钩。按照重量来决定这一段时间内猎狗的待遇。于是,猎狗们捉到兔子的数量和重量都增加了。猎人很开心。

但是又过了一段时间,猎人发现,猎狗们捉到的兔子数量又少了,重量也随之下降,而且越有经验的猎狗,捉兔子的数量和重量下降得越厉害。

于是,猎人又去问猎狗。猎狗说:"我们把最好的时间都奉献给了您,但我们慢慢会老,当我们年老体衰捉不到兔子的时候,您还会给我们骨头啃吗?"

后来,猎人推出了一项新的激励方案:方案规定,如果一条猎狗捉到的兔子超过了一定的数量之后，即使以后捉不到兔子，它每顿饭也可以得到一定数量的骨头。猎狗们都很高兴，大家都努力去捉兔子，以达到猎人规定的数量。

这则寓言故事似乎有点长，但却很有哲理，对家庭建立个性化激励机制会有一定的启迪作用。

我们来分析一下，猎狗为什么要去捉兔子？兔子为什么比猎狗跑得快？答案是："满足需要"。

猎狗是为了满足生理需要，饿了，找点食物吃。兔子是为了满足安全需要。而且它们两个的动机强弱也不一样，兔子的求生动机远远大于猎狗的求食动机，所以它跑得快，要是自己跑得慢就成了猎狗的口中物。

事实上，孩子也是如此。孩子愿不愿意做某件事情，学得劲头如何，都取决于他是否具有动机和动机的强弱，而动机是靠需要来驱动的。需要产生动机，动机决定行为。

每个家庭的孩子都是不一样的，每个孩子都有不同的需求，而且在不同阶段孩子的需求也会有所不同。比如说，孩子在幼儿园阶段，他做得好，家长用一朵小红花来激励他，他会很高兴。但他上高中、大学了，家长还给他一朵小红花，估计他连正眼看一下都懒得看。因此，家庭建立个性化激励机制时，家长一定要了解孩子的目标追求、性格特点、能力特长，来制定个性化激励机制，以满足孩子不同阶段的需求，以发挥激励的作用。

我们再来看一下家庭个性化激励机制如何建立？家庭个

性化激励机制的激励内容一定要能够影响孩子预期目标的实现；孩子的行为结果要能够有助于预期目标的实现。

激励的方法虽然是多种多样，但一定要针对孩子的个体需求，千万不要拿来主义，照搬照抄别人的经验。

除此之外，家长还要根据孩子不同成长阶段的需求变化，及时修正激励内容与方法，来强化激励的作用。前述寓言故事中，猎狗对第一种激励方案不满，是因为它们觉得分配不公平；而对第二种激励方案不满，是因为它们对需求的认识提高了，它们为将来年老体衰捉不了兔子而担忧。这迫使猎人不得不再一次完善激励机制。

孩子在不断成长，其需求也在不断地发生变化，如果激励跟不上孩子需求的变化，激励就会失效。激励是通过满意度来实现的，当第一层次的需求得到满足后，孩子就会产生新的更高层次的需求。

——（二）把家长要求同孩子需求挂钩

猎狗追兔子的寓言故事，实际上就是猎人把猎狗的努力跟它们的报酬挂钩，从而达到了激励的效果。

家庭中，对孩子的激励，家长可以把对孩子的要求，跟孩子的需求挂钩。这种激励方式有两点家长要注意：

第一，家长对孩子的要求不能过高。要求过高，孩子无法实现，他会用脚给家长的激励方式投票。

孩子应该高要求，但不能过高。这就像跳高，他的体能至多可以跳 1.2 米，但你说必须加大力度，跳 1.6 米，孩子"恐高"了，索性罢跳了。

网上曾经流传过一张 PPT，据说是北大徐凯文教授关于大学生自杀危机的小范围调查。调查显示，在出现自杀危机的大学生中，父母职业为教师的竟高居榜首，紧随其后的是医护、公务员等对知识要求较高的体制内群体。

齐凯、王俊等学者在 2017 年曾经发表过一篇题为《大学生自杀相关行为与不同家庭因素之间的关系研究》的论文，该研究课题为安徽省教育厅人文社科研究基地重点项目。研究者采取分层整群抽样的方法，抽取安徽省芜湖地区八所高校总计 4585 名大学生进行样本分析。

调查结果显示，大学生自杀相关行为的发生率受父母文化程度及职业影响，高学历且职业相对稳定者的子女易发生自杀行为。

这是为什么？齐凯等研究者认为，大学生自杀行为与家庭的知识性和控制性呈正相关关系，有自杀行为产生的大学生家庭，家庭教育方式大都较为专制，并且父母学历大都在本科及以上的较高层次。

家庭教育方式专制是一个方面，我认为还有另外一个方面，就是过高要求。

应该说，每一个家长都会希望孩子有出息，能出类拔萃，因此，有的家长就对孩子的要求特别高。尤其是一些知识分子家长，对孩子的要求那是一个尽善尽美，甚至是"零缺点"。虽然严格要求、高标准要求无可厚非，但过高要求、过度要求甚至到了吹毛求疵、鸡蛋里头挑骨头或找钉子的地步，会给孩子带来莫大的压力。有的孩子达不到家长的高要求，就可能通过掩饰错误来逃避家长的苛责；有的孩子面对家长的过度要求，就可能逆反而破罐子破摔；有的孩子甚至是用生命来对家长进行反抗。

第二，对孩子的需求要合理满足。随着社会经济的发展，家庭养育孩子也跟以往大不相同。以往养育孩子只要让他吃饱穿暖就够了，但现在养育孩子，家长不仅要考虑他的物质需求，还要考虑他的精神需求。根据美国著名心理学家亚伯拉罕·马斯洛的需求层次理论，人的需求分为五个层次：生理的需求、安全的需求、感情和归属的需求、尊重的需求、自我实现的需求。

马斯洛的需求层次理论，在一定程度上反映了人类心理活动的共同规律。既然是人类心理活动的共同规律，孩子当然也不能例外。

虽然马斯洛把人的需求划分为五个层次，但就现今的孩子而言，在马斯洛所谈到的人的各种需求中，主要是感情和归属的需求、尊重的需求、自我实现的需求，占据主导地位。

这是因为现今的社会，物质已经极大丰富，孩子已经不缺吃穿，小胖墩随处可见；每个孩子都是家里的"大熊猫"。

但孩子缺少父母的陪伴，感情和归属的需求得不到满足。孩子感情和归属的需求如果得不到满足，会让他内心缺乏安全感。安全感这种东西虽然看不见摸不着，但是它对人的精神影响是很大很深远的。就拿我来说吧，我多年来经常做一个梦，就是总是在找妈妈，而且总也找不到，找不到就哭，哭得声嘶力竭，有时候把自己都能哭醒。醒来时，心情无比落寞。我百思不得其解。后来有一次我跟父亲聊天，他告诉我，我两岁多一点的时候，我母亲生病住院，出院后，因为我们家族人口多，没有分家，我父亲担心她在家里不方便养病，就把她送到我姥姥家养病，她带着姐姐，把我留在家里，由太奶奶看护。妈妈这一走，就四个多月。我想妈妈，经常在炕上趴着窗台喊妈妈。

父亲的叙述，让我找到了答案。从我的故事中，家长应该看到感情和归属的需求对孩子的重要性。

但孩子得不到应有的尊重。知乎上有个问题："父母是老师是一种怎样的体验呢？"底下的留言看得我心里很难受。"永远都在批评式教育，永远都在被比较。""我自己的事情也不能发表意见，总说我还是孩子，什么都不懂，别插嘴。""第一感受是严格，屁大点事都管，控制欲极强，可能不会动手打你，但是会用语言狠狠地阴阳你，怎么扎心怎么来，攀比欲极强，永远是某某家小孩考了某某大学，某某家小孩考上了某某编制去了某某地方当老师……"

另外，现实中，有的家庭孩子自我实现的需求总是被父母一票否决。家长应该知道，自我实现的需要是人的最高层次的需要。它是指个人理想、抱负得到实现，个人的能力得到最大程度的发挥。而家长的控制欲，极大地剥夺了孩子自我实现需求的权利。

（三）用积分制的方法来管理孩子

家庭建立个性化激励机制，就是要把家长对孩子的适度要求同孩子的合理需求挂钩。如何挂钩？积分制的管理方法是一个很好的选择。

所谓积分制的管理方法，就是用积分（奖分和扣分），对孩子的学习成绩和综合表现进行全方位量化考核，然后把孩子的合理需求与积分值挂钩。积分值高，合理需求的满足度就大，反之，就小。

全方位量化是指对孩子的各科学习成绩和行为表现都要用积分进行 360 度量化考核。孩子表现好时要给予奖分，孩子表现差时要扣分。只有做到了全方位量化考核，其积分才能代表孩子的综合表现。

有的家长一听积分制的管理方法，一听全方位量化会觉得麻烦、头大，其实，这种管理方法一开始可能让家长感觉到麻烦，待麻烦过后，孩子自觉主动了，孩子自律了，孩子养成习惯了，家长就轻松了。

家长用积分制的管理方法来管理孩子，一定要跟孩子商量，让孩子参与制定积分规则。我认识的一位熟人，就用积分制的管理方法实现了自己从容淡定，孩子自律自立。

一个笔名为"木子六一"的家长曾经在网络上撰文介绍过自己是如何用积分制的方法管孩子的。下面是这位家长的介绍文字：

"我认为采用'积分制'管理孩子比较合适，既激励了孩子的热情又不直接给钱，避免了孩子心里只想着钱的问题。于是我在儿子的小书屋里贴上一张大表，并制定了相应的标准。每天做好自己应该做的事情，加1分，包括按时起床、洗脸刷牙、收拾书包、整理好自己的房间；加2分，包括先写作业，做完该做的事后再玩，等等；作业被老师评优，加3分；帮助家里做家务，比如扫地、擦桌子、倒垃圾、洗碗等加2分；考试成绩在班级名列前茅，获得了学校嘉奖加5分等。

"我对儿子说，如果积够100分，可以买一本他喜欢的课外书，或者他喜欢的别的小礼物。如果不买可以积攒起来。如果达到1000分就带他去旅游，到'海底世界'和'动物园'玩，开阔他的视野。儿子的积极性空前高涨。早上闹钟一响，他主动起床，穿衣、叠被、洗漱，动作麻利，放学回家，一定是先写作业，还主动要求多做练习题。利用空闲时间，又主动去擦桌子、扫地。

"通过这个积分制管理，我发现每个孩子的内心都是渴望上进，渴望自己的价值得到认同，而用积分奖励，其实就是承认和肯定了他的价值，这让他在心中有一个目标。每实现一个小目标，他就会产生成就感。而这种成就感带给他的是自我鼓励和自我欣赏，从而激发他内心强烈的上进欲望。"

　　这位家长就是通过积分制管理的方法，把对孩子的要求与孩子的合理需求挂上了钩。孩子要买喜欢的课外书，或者买他喜欢的别的小礼物，就要积够 100 分；要旅游，到"海底世界"和"动物园"玩，就要积攒 1000 分，诸如此类。

　　为什么有的家庭给孩子规定了这样或那样的规矩，但孩子经常违反规矩，不按规矩的要求去做？很大程度上，这些规矩的遵守与否没有跟孩子的需求挂钩。这就难能取得对孩子的激励约束作用。

（四）把家庭积分制管理落到实处

　　对孩子实行积分制管理，关键在于落实。落实不了，积分制管理就是一句空话。

　　首先，要让孩子了解、理解、清楚积分制的规则。孩子如果对积分制规则不了解、不理解、不清楚，他怎么去执行积分制规则？

英国著名思想家温斯坦莱曾经说过："假如有很好的法律，但人民不了解它们，这对共和国来说就像没有任何法律一样糟糕。"套用温斯坦莱的话来讲，假如说有很好的积分制规则，但孩子不了解它们，这对家庭来说就像没有任何积分制规则一样糟糕。

其次，积分措施要及时兑现。美国有一家名为福克斯波罗的公司。这家公司专门生产精密仪器设备等高技术产品。

在创业初期，这家公司碰到了一个迟迟不能解决的技术难题。而这道技术难题如果不解决，公司就会生存不下去。公司总裁为此而大伤脑筋。

一天晚上，正当公司总裁坐在办公室百思不得其解之时，一位技术人员闯进了他的办公室，说是找到了一个解决的办法。

技术人员的阐述让总裁豁然开朗。总裁喜出望外，想立即给这位技术人员以嘉奖。可是，他在抽屉中找了半天，只找到了一根香蕉。他把这根香蕉作为奖品奖给了技术人员。技术人员很感动，因为他的成果得到了领导的肯定与赞赏。

从此之后，这家公司只要员工攻克了重大技术难题，都会得到公司授予的金制香蕉形别针。

"赏不逾时，欲民速得为善之利也；罚不迁列，欲民速睹为不善之害也。"这句话出自战国司马穰苴的《司马法·天子之义》，意思是说，奖赏不要过时，为的是使民众迅速得到做好事的利益；惩罚要就地执行，为的是使民众迅速看到做坏事的恶果。

　　家庭对孩子实行积分制管理，不仅要奖惩分明，还要及时兑现孩子的积分奖励。如果该奖励的不及时奖励，会影响孩子的积极性；而该惩罚的不及时惩罚，则会助长孩子的消极性。

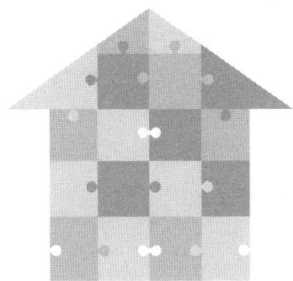

第七章

———

从容淡定
家长的修炼之道

"胜，不妄喜；败，不惶馁；安，不奢逸；危，不惊惧；胸有激雷而面如平湖者，可拜上将军。"这段话出自哪里，是谁所言，我不知道，但我很喜欢这段话。顺境的时候不妄自狂喜，逆境的时候不惶恐气馁，安稳的时候不骄奢淫逸，危机的时候不恐惧害怕；胸中的情绪犹如雷霆一般，但表情却和平静的湖水一样，这样的人能成为大将军。这是控制自己情绪、内心强大、从容淡定的至高境界了，想不当大将军都难。家长要是也能做到这些，想不从容淡定都难。

一、做情绪的主人，避免"野马结局"

心理学上有一个著名的"野马结局"概念，这是一种情绪心理效应。

说是在非洲大草原上，有一种吸血蝙蝠，这种蝙蝠以吸食动物的血液为生，它常常叮在野马的腿上吸血，无论野马怎么暴怒、狂奔都甩不掉它，有的野马就这样被它活活折磨死了。

动物学家研究发现，蝙蝠吸的血量是不足致野马以死亡的，野马死亡的真正原因是愤怒和暴躁造成的情绪失控。后来，人们将这种现象称之为"野马结局"。

由此可知，所谓"野马结局"是指因芝麻绿豆大点的小事而大动肝火，以致因别人的错误而伤害自己的现象。

家长要从容淡定，首先要做情绪的主人，避免"野马结局"。

（一）截断"踢猫效应"，斩断坏情绪传播链

心理学上有个著名的"踢猫效应"。说是有个男人在公司受到老板的批评，他很愤怒，但又不敢跟老板发火。回到家，他找了一点鸡毛蒜皮的事情，把老婆骂了一顿。老婆受了委屈，正好看到儿子在床上蹦跶，上去就给了儿子一耳光。儿子莫名其妙地挨了一耳光，心情极度糟糕，一脚把正在身边打滚的猫踢了个跟斗。猫逃到大街上，正好一辆小轿车开过来，司机赶紧避让，却把路边的一个小孩给撞伤了。

这个故事描绘的就是一种典型的坏情绪传染所导致的恶性循环。

"踢猫效应"是典型的坏情绪传染链，这种传染链不是由弱向强、由下至上的社会关系链条，而是相反，即由地位高的传向地位低的，由强者传向弱者，而最终的受害者是最弱小的那个元素。

现实社会中的"踢猫效应"未必就像前述故事中描述得那么夸张，但也不可否认，"坏情绪传染"的现象却十分普遍。处长在局长办公室受到局长批评，回到处里，就找来科长训斥一番，科长莫名其妙挨了一番训，回到科里，就找了一个看着不顺眼的员工骂了两句，员工下班回到家里，想一想就窝火，就把孩子当成了出气筒，把坏情绪转移到了孩子的身上。

心理学家认为，坏情绪会像"病毒"一样从这个人身上传

播到那个人的身上，一传十，十传百，其传播的速度有时比有形的病毒和细菌的传染速度还要快，而这种传播危害性极大。

新型冠状病毒肺炎暴发以来，我国有一个重要的应对方法，就是隔离观察治疗。这是及时斩断"病毒"传播链。

家长要消除坏情绪的"病毒"，也需要及时斩断它的传播链。在哪里斩断？就在自己这里斩断，"坏情绪到此为止"。

"坏情绪到此为止"，是一种担当、是一种境界，是内心强大、从容淡定的一种表现。

（二）克服暴躁脾气，否则会一吼毁三代

脾气暴躁的人容易动怒，愿意发火。而人一动怒发火，容易失去理智。没有孩子会喜欢脾气暴躁、每天声嘶力竭的家长，而且家长对孩子的长期吼叫不仅会影响孩子的智力，而且会增加孩子成年后患抑郁症、焦虑症的可能。心理学上有个概念叫"原生自卑"，说是小时候被吼被否定的孩子，长大后这种自卑会伴随他的一生。而有的孩子默认、承继了原生家庭对自己的教养方式，代代轮回。

家长面对孩子怎样克服暴躁的脾气？这里送给大家两句话：

第一句话："有理也别声高，有爱才是正道。"虽然说"理直"就"气壮"，但有理也别声高，有爱才是正道。

孩子不做作业，孩子玩游戏上瘾，孩子做错了事情，家长觉得自己有理，有理就可以大声吼叫斥责孩子。殊不知，这样做的结果，会让孩子叛逆，会让孩子蛮不讲理，遇到不如意、不满意的事情，孩子也会大吼大叫。家长吼叫造成的伤疤会烙印在他的性格上。吼叫是不能解决孩子问题的，能解决问题的，是爱的滋润。

有位爸爸攒了很久的钱，买了辆小轿车。每天下班回家，他都拿海绵和清洗剂认真地给爱车洗澡，5岁的儿子也会帮忙。

这一天，爸爸下班之后，因为太累，车没洗，就躺在屋里睡着了。

儿子决定自己洗车，好为爸爸分担劳累。但他没有找到爸爸洗车用的海绵，就拿妈妈洗碗用的海绵来洗车了，而洗碗用的海绵有一面带钢丝。

清洗剂的泡沫覆盖了钢丝，当泡沫被水冲洗干净之后，钢丝划过的痕迹暴露了出来。

儿子看到爸爸的爱车被自己洗成了麻子脸，吓得蹲在地上哇哇大哭。

儿子的哭声惊醒了爸爸，爸爸以为儿子受到什么伤害了，赶紧冲出房门。一看，儿子没受什么伤害，自己的爱车却让儿子给伤害了。

看看受伤的爱车，看看惊恐的儿子，爸爸控制了自己暴怒的情绪，上前抱起儿子，拍着儿子的肩头说："真是好孩子，帮助爸爸洗了车，爸爸爱车，但更爱你。"

儿子的小脸露出了笑容。

孩子犯了错误，尤其是他已经认识到了错误，陷于惊恐之中的时候，家长的大吼、斥责、谩骂，是任何问题也解决不了的，只能给孩子加大心理阴影面积，而宽容的爱，却会触动孩子的灵魂。

这个爸爸就是用宽容的爱守护了儿子温暖的心灵。

第二句话："退一步海阔天空，忍一时风平浪静。"罗马著名思想家西尼卡认为："拖延是平息怒火的最好办法。"美国前总统杰弗逊说："当你生气时，便在心里从一数到十，再开口说话；如果怒不可遏，再数到一百。"

俄国著名文学家屠格涅夫也曾告诫人们："当你暴怒的时候，在开口前把舌头在嘴里转上十圈，怒气也就减了一半。"

从前，有个贫穷的人，突然暴富。他认为自己虽然有钱，但没有智慧，他想用钱买智慧。

这一天，他来到城里，逢人就问：哪里有智慧可买？有人告诉他，到寺庙看看。

他来到寺庙，一位僧人收了他一笔钱，然后告诉他："你倘若遇到疑难复杂的事，切不要急着处理，可先朝前走七步，然后再后退七步，这样进退三次，智慧便来了。"暴富者将信将疑。

当天夜里，他回到家中。推开房门，昏暗中他发现妻子居然与人同眠。他顿时火从心中起，拔出刀来便想行凶。

这时，他忽然想起白天买来的智慧，就想试试看看到底灵不灵。于是，他朝前走七步，然后又后退七步。等他点亮了灯光再看时，竟然发现那与妻同眠者原来是自己的老母亲！

不管是西尼卡也好，还是屠格涅夫也罢，抑或上面的这个故事，强调的都是遇到事情要冷静处理。这就是智慧，也是消除暴躁脾气的一种有效方法。

如果我送给各位家长的这两句话，还是让你克制不了要对孩子发脾气的话，那你就默念："亲生的！亲生的！亲生的！随我！随我！随我！"

另外再告诉你，要是你爱人惹你生气的话，你就默念："我选的！我选的！我选的！活该！活该！活该！"

—— （三）管理负面情绪，为孩子提供安全港湾

孩子的世界是非常单纯的，未成年时，家庭就是他的全部世界。即便是成年后，家庭也是他的世界中的重要组成部分。家长任何一点不正常的情绪波动，都会像电闪雷鸣般撞击着孩子的心灵，让他惊恐不安。所以，家长要能管理好自己的负面情绪，让家庭成为孩子安全的港湾。

其实，无论是暴躁的脾气，还是抑郁、焦虑等其他类型的情绪，都是能够有很多相应的方法来进行管理的。怎么管

理？改变不合理的信念是一种重要的方法。

要知道，任何情绪的产生都离不开特定的诱发事件，比如，孩子期中考试没有考好，在班级垫底了。对这一诱发事件，有的家长很淡定，帮助孩子查找原因，鼓励孩子继续努力；但有的家长却暴跳如雷，对孩子斥责打骂。同样的诱发事件对不同的人却产生了不同的情绪反应，这是因为对诱发事件的看法、解释和评价不同。我们把这些看法、解释和评价统称为"信念"。

可以说，一些不良情绪多是由不合理的信念所引起。因此，家长管理负面情绪，就要改变一些不合理的信念。

第一，变片面为全面。看问题片面了，就像盲人摸象，只看到局部，看不到整体。在评价人或事时，只看到好的一面或坏的一面，不能从整体上做出准确的评价。要是觉得一个人好，就连身上的虱子都是双眼皮；要是觉得他不好，脸上天生的双眼皮也认为是整容整的。家长看孩子的问题，一定不能以偏概全。

第二，变绝对为相对。家长看问题绝对化了，容易走极端。有的家长对孩子的要求总是以自己的意愿为出发点，认为孩子必须如何如何。如有的家长就认定孩子必须考上名校，一味地逼迫孩子，而不顾及孩子的资质、天赋如何。

第三，变静止为动态。一个人如果用静止的眼光看问题，就不能正确地认识事物的发展规律。家长用静止的眼光看待孩子，孩子成绩好时，就会故步自封；孩子成绩差时，就会悲观失望。

家长看孩子的问题不要静止地看，要动态地看。事情总是在不断地变化，世界上永远不变的就是"变"。静止地看问题，容易陷入困境而不能自拔。

第四，变悲观为乐观。一次，有位记者问著名文学家萧伯纳："乐观主义和悲观主义的区别何在？"

萧伯纳想了一下，便回答说："这很简单，假设桌子上有半瓶酒，看见这瓶酒的人如果高喊：'太好了！还有一半。'这个人就是乐观主义者；如果他对着酒瓶叹息道：'糟糕！仅剩下半瓶了。'那这个人就是悲观主义者。"

这个比方非常精彩。悲观、乐观一目了然。而悲观地看问题和乐观地看问题，会有着截然不同的结果。

人们常说："人生不如意者十有八九。"有人就想八九不如意的事情，而不想那一二如意的事情。这就是悲观化地看问题，总是朝不好的方面去思考。

变悲观为乐观，要善于阳光思考。遇到事情朝好的方面去思考。

爱迪生曾经尝试用1200种不同的材料做白炽灯泡的灯丝，都没有成功。

有人对他说"你已经失败了1200次了"。可是爱迪生不这么认为，他充满自信地说："我的成功就在于发现了1200种材料不适合做灯丝。"

这就是阳光思考。正是由于这种阳光思考，他继续努力试验，最终找到最适宜做灯泡的灯丝，获得了成功。这正所谓："成功就是从失败到失败，也依然不改热情。"

曾经尝试用 1200 种不同的材料做白炽灯泡的灯丝，都没有成功，一般人早就焦虑、烦躁了，甚至放弃了。但爱迪生却认为，他的成功"就在于发现了 1200 种材料不适合做灯丝"。

（四）学会表达情绪，不要情绪化地表达

表达情绪和情绪化地表达，是两种不同的处理问题方式。表达方式不同，表达的效果也大相径庭。

面对孩子的问题，许多家长习惯了情绪化地表达，而不是表达情绪。

情绪化地表达，是家长对孩子的所作所为不满意时，言行中带着情绪来表达自己生气了、愤怒了的心情。有的骂骂咧咧，有的摔摔打打，有的拉着脸子，但却忽略了问题本身。

表达情绪，是陈述问题，平心静气地表达自己对问题的真实感受、看法和期待。

情绪化地表达，其实是对孩子实施家庭暴力。在这种家庭暴力下，孩子可能会乖巧，但乖巧的背后可能是恐惧、可能是撒谎。孩子会通过撒谎来躲避家长的暴力。

而表达情绪，是把自己的真实想法告诉孩子，启发孩子认知自我，找出问题的症结所在，从而会培养孩子的自律，

达到良好的教育效果。

我女儿四岁多的时候，有一天，北京劳动人民文化宫有个晚上游园活动。因为只有两张票，我就自己带着她去参加游园活动。公园里，各种活动比较多，有的还让孩子参与。在一个小表演台附近，我牵着女儿的手，朝前走。走着走着，我的鞋带开了。我松开女儿的手系鞋带，等我系好鞋带直起腰，却发现女儿不见了。我顿时急出一身冷汗。游园的人很多，又是晚上，我到哪里找她？我开始东奔西突在周围找了一会儿，没找到。我决定报警。到哪里报警？我举目四顾寻找报警点，当我的目光投向那个小表演台的时候，我发现了女儿，她正在舞台上参与节目呢。

我虽然心里的一块石头落了地，但情绪也上来了。还好，等女儿走下舞台的时候，我的情绪已经平静下来了。我上前抱住她，先是表扬了她积极参与活动，随后，我表达了我的情绪："你去参与活动的时候，应该告诉妈妈一声，你知道妈妈找不到你的时候，有多担心吗？妈妈冷汗都吓出来了，就差去报警了。"女儿说："妈妈，对不起，让您担心了。"

这件事情，如果我情绪化地表达，就是把女儿训斥一顿，甚至是打两巴掌，而我所做的是表达情绪，告诉女儿自己当时的想法、自己的担心。

二、放大自身格局，走进宽广世界

"不识庐山真面目，只缘身在此山中。"苏东坡的这两句诗告诉我们的是，认不清庐山本来的面目，是因为自己在庐山里，所谓"旁观者清，当局者迷"。家长要从容淡定，需要走出自己的世界，局限于自己的世界里，永远不会豁达开朗。而要走出自己的世界，必须放大自身的格局。放大自身的格局，才能走进宽广的世界。

（一）家长的格局会影响孩子的未来

在一所小学校园外的路边，有一个乞丐在乞讨。一位送孩子上学的妈妈对孩子说："你不好好学习，将来就跟他一样。"而另一位妈妈对孩子说："好好学习，你将来有能力了，可以帮助他们。"

哪位妈妈的格局大，哪位妈妈的格局小，一目了然。哪位妈妈的话会对孩子产生深远的影响，也是一目了然。

决定一个孩子幸福与成功的因素很多，而家长的格局，是影响孩子最重要的因素，家长的格局会决定孩子的格局，也会影响孩子的未来。斤斤计较、小肚鸡肠、心胸狭隘的家长难能培养出大格局的孩子，虽然也可能会有例外。因为在家庭日常生活中，孩子的性格和面对选择时的取舍决定，都会受到家长潜移默化的影响。

（二）有格局的家长能站得高、看得远

"你从 80 楼往下看，全是美景，但你从 2 楼往下看，全是垃圾。人若没有高度，看到的全是问题；人若没有格局，看到的全是鸡毛蒜皮。"这段话很经典，形象地说明了格局的作用。

有格局的家长站得高、看得远，不会为孩子一时成绩的得失而大动肝火，也不会为孩子没有达到自己设想的目标要求而郁闷焦虑。他们不会在意面子的有无，不会在意孩子的功名利禄，他们在意的是孩子是否快乐幸福，在意的是孩子能否在平凡的岗位上为社会作出有益的贡献。而这种有格局的家长培养的孩子大概率能自律自立。

（三）家长的视野就是孩子的未来

　　家长视野开阔，方能看得高远，孩子也会因此而受益无限。家长的视野，就是孩子的未来。家长如果只盯着自己家的一亩三分地，孩子的生活也只能局限于自己家的菜园子。

　　视野开阔的家长，他不会只关注孩子的学分，他关注的是孩子的学习。因为他知道，学习比学分更重要。学分是阶段性的，学习是可持续性的；学分是单一的，学习是多元的。这多元的学习，不仅是课本的学习，还有人生阅历、道德价值观的学习，等等。孩子只有在多元的世界里成长，才能视野开阔，跻身于广阔的社会舞台。这其实就是孩子的素质养成。

　　视野开阔的家长，他不会为孩子某一次考试的成绩分数低而焦虑；他不会在意眼下孩子做得比隔壁老王家的孩子差多少。因为他知道，孩子的成长是一辈子的事情，是一个长跑，而不是一个冲刺。暂时的落后，不等于永远掉队；此时的差距，不等于永远的距离。孩子的心智成熟有先有后，孩子的兴趣爱好有"绿"有"红"，不可能整齐划一。

　　视野开阔的家长，他不会对孩子的事情大包大揽，一切都替孩子做主。因为他知道，孩子终究是要走向社会的，如果一切都替孩子做主，孩子是难能融入社会的，也是不可能自律自立的。唯有信任孩子，慢慢地对孩子放手，孩子才能长成参天大树，成为社会的栋梁，而不是家长这棵大树下的小草，家长羽翼下的宠物。

我虽然称不上视野开阔，但我也是不会对孩子的事情大包大揽，一切都替孩子做主的。我在对孩子的教育问题上比较"懒"。懒得对孩子的事情大包大揽，懒得一切都替孩子做主。

我女儿高考时考入了北京航空航天大学理科实验班，这个实验班是可以本硕博连读的。在女儿硕士即将毕业的时候，她告诉我，她不读博了，她申请到国外再读一个硕，而且申请到了12所学校。其中有美国的康奈尔大学和法国的巴黎高等商学院（简称"巴黎高商"），等等。

我问她，你想去哪所大学，她说准备去巴黎高商，巴黎高商的专业她喜欢，而且还给了她奖学金，以后读硕的时候，就不用花家里的钱了。

我虽然心里很想让她直接读博，但我喝了口水，咽下了自己的想法，对女儿说："妈妈尊重你的选择、支持你的选择！"

我对女儿的态度是，她需要我的时候，我站在她的身后支持她，她不需要我的时候，哪里凉快我哪里待着去。

我看到网上有家长提问："家长应如何开阔孩子的视野呢？"也看到许多文章谈怎样开阔孩子的视野。其实，开阔孩子的视野问题，说复杂也复杂，说简单也简单。简单说来，家长的视野决定着孩子的视野。

那么，家长怎样开阔视野呢？答案就是两个字："学习"。向书本学习，向实践学习，向他人学习。

庄子云："水之积也不厚，则其负大舟也无力。"宋代著名思想家朱熹说："问渠哪得清如许，为有源头活水来。"渊博的知识就是家长开阔视野这一"大舟"的"水"，就是使家长开阔视野"河渠清如许"的"活水"。

《庄子·秋水》云："井蛙不可以语于海者，拘于虚也；夏虫不可以语于冰者，笃于时也；曲士不可以语于道者，束于教也。"

这段话的意思是说，井里的蛤蟆你无法跟它谈海洋，因为它的眼界受到狭小的生活环境所局限；夏天生死的虫子你无法跟它说冰雪是什么样子，因为它的眼界受到气候时令的限制；而孤陋寡闻的人，你无法跟他谈论大道理，因为他的眼界受着他所受教育的束缚。

那什么时候可以跟他们谈论大道理呢？《庄子·秋水》给出了答案："今尔出于崖涘，观于大海，乃知尔丑，尔将可与语大理矣。"

这就是说，当你走出狭隘的河岸，向大海观看，知道你的浅薄无知的时候，就可以跟你谈论大道理了。

家长走出狭隘的河岸，视野方能开阔，而孩子的未来也会随着家长视野的开阔而更为有前景。

我写这段文字，其实是有感而发的。我之所以有现在的工作和生活，是跟我父母的眼界分不开的。1972 年年底，我完成了所谓的高中学业，回到了村里，在村里劳动。

1977 年恢复高考的消息传到了我们村，我在父母的鼓励下准备参加高考。环顾家中，仅有一本胡华主编的《中国革命史讲义》（我父亲在县城废品站捡的）和一本《新华字典》。再就是我的高中课本。我把这几样东西看了看，就去考试了。结果可想而知。

1978年，他们又鼓励我走进了考场。结果又名落孙山。

但这次考试我的成绩仅差12分就达到了录取分数线。他们接着鼓励我再战。

1979年，我又走进了考场，这一次，我没有让父母失望，也没有让自己失望，我以市文科第一名的成绩考上了北京大学中文系。

在我参加高考的时候，村里有许多杂音，什么"都二十多岁的老姑娘了，还不赶紧找个人嫁了"；什么"一个女孩子念那么多书干嘛，将来嫁人了，还不是给别人家念的"。尽管杂音不少，但我父母认定了孩子就应该多读书，不管是男孩子还是女孩子都一样，他们坚定地支持我参加高考。

正是在父母的鼎力支持下，我才能走出大山，来到北京读书。假如说他们没有这样开阔的视野，我的命运将会被改写。

有时候我也在想，人的视野跟学历似乎关系不大，有的人虽然博士毕业，但他的视野除了聚焦在他的专业上，其他的地方没有投射点。这可能是他忽视了在社会的实践中学习所导致的。

我父母的视野是他们在实践中开阔的。我父亲只读过四年书，我母亲没有读过书，但他们在实践中认识到有文化的重要性。正是父母的这种视野，成就了我，让我从一个名不见经传的小山沟，来到了北京这座大都市，并最终成为一名教授。

常听有人说，不能让自己的孩子输在起跑线上。每当听到或看到这句话，我就想问：不能让自己的孩子输在起跑线上，你自己站在起跑线上了没有？

三、心灵站在高处，才能心无所滞

知名相声演员郭德纲说："孩子在街上，穿着打扮看出娘的手艺，说话办事显示爹的教养。"有人说这是戏言，但我觉得，他虽然是"戏子"，但这话绝对不是戏言。

（一）推动摇篮的手就是推动世界的手

"推动摇篮的手就是推动世界的手"，这句话出自何人之口，我也不知道。但我知道这句话说得很精辟、很深刻。

"少年智则国智，少年富则国富；少年强则国强……少年进步则国进步；少年胜于欧洲则国胜于欧洲，少年雄于地球则国雄于地球。"梁启超的话可谓经典至极。

而要少年智、少年强、少年进步，家长责任重大，家长的素质决定孩子的素质，孩子的素质决定着国家和世界的未来。

正直、善良、乐观、有责任心的家长，大概率不会培养出自私自利的孩子。

（二）孩子的命运就掌握在家长的手中

家长要想养育自律自立的孩子，自己首先就要自律自立。说孩子就是家长的影子，就是家长的翻版，就是家长的刻录机一点都不过分。

家长与孩子朝夕相处，家长生活行为的点点滴滴，孩子都看在眼里，记在心上，孩子会完全照搬家长的脾气性格和生活习性。一个孩子怎么样大多跟他的家长有着很大的关系。

我记得当年我们乡里有一户人家，父亲每天喝得醉醺醺的，喝不起酒，就买酒精兑水喝，没有下酒菜，就手里拿一个铁钉子，咂一口铁钉子，喝一口酒。许多人都劝他戒酒，否则，早晚会饮酒送命。但他每次都答应得很好，但就是不能兑现承诺。这样的父亲能养育出自律自立的孩子？我是高度怀疑。后来，我了解到，这个人因为饮酒过量而送了命，他的儿子也酒瘾很大，而且不着调。

孩子的心田是一块神奇的土地，家长给它播下什么样的种子，孩子就会有什么样的收获。孩子的命运其实很大程度掌握在家长的手中。

（三）摒弃自我之束缚顺应万物之自然

有一位小和尚，每次禅坐入定时，都会遇到一只大蜘蛛来跟他捣乱。他很困惑，去求助师傅。师傅告诉他："下次禅坐入定时，你手拿一支笔，如果大蜘蛛再来，就在它的肚子上画一个圈作为记号，看它是何方怪物。"

小和尚照办了。待他出定一看，赫然发现那圈圈就画在自己的肚皮上。

噢，原来不是"蜘蛛太狡猾"，而是自己困扰了自己。

困扰了自我的小和尚，必定难成正果；困扰了自我的家长，内心不会从容淡定，孩子也难能自律自立。家长要从容淡定，需要摒弃"自我"之束缚，顺应万物之自然。

"自我"之束缚，就是"心有所滞"，过于在意某些事情，如孩子的分数、自己的面子、毁誉得失，为做错的事情而后悔，等等。

家长怎样才能摒弃"自我"之束缚，做到"心无所滞"呢？答案就是"顺其自然"。

顺其自然，传递的是一种从容淡定的心态。凡事努力去做，尽力而为，对结果顺其自然，所谓"尽人事而听天命"。

遇到不如意的事情，应该去努力，争取把它变成如意的事情，即便不能变成如意的事情，也坦然接受现实的结果，不把心思精力花在懊悔、自责上。有些不可逆的事情，你再怎么懊悔、自责也是没有任何用处的。

《后汉书》中曾经讲了这样一个故事：后汉时，山西太原有一个叫孟敏的人。一天，他扛着瓦罐在路上走。一不小心，瓦罐落地摔得粉碎。但他头也不回地向前走去。

有位叫郭太的人看到了，跑上前去问孟敏：为什么不回头看看？孟敏说："瓦罐从肩上掉下去肯定会摔得粉碎，我看它又有什么用？我前面还有更重要的事情要做。"

郭太认为，这是一个拿得起放得下的人，便劝他为学，果然，十年后孟敏成为一位知名学士，朝廷三公都征召他去做官，他都没有屈身前去

〔原文：（孟敏）客居太原。荷甑（炊具）摄（堕）地，不顾而去。林宗（郭太）见而问其意。对曰："甑以破矣，视之何益？"林宗以此异之，因劝令游学。十年知名，三公俱辟，并不屈云。（《后汉书·郭太传》）〕

瓦罐碎了，已经不可逆了，再不舍也没用，索性放下。孟敏很智慧。

事实既然无法改变，我们能做的就是把这件事情对自己的不良影响降低，关注自己能改变的，不能改变的，就顺其自然，听天命了。这样一来，内心就从容淡定了。

其实，我们的有些"心有所滞"，几乎都是担心失去某种东西所导致的。担心失去什么？无非是孩子的功名利禄，还有自己的"面子"，等等。

当一个人对功名利禄，还有自己的"面子""无所谓"的时候，他就会豁达、淡定、从容了。

有些事，不必太在乎。如果事事都纠结而不得解脱，这一生岂不是活得很累？所谓"毁誉听之于人，得失安之于数"。毁也好，誉也罢，随它去；得也好，失也罢，顺其自然。"荣华花间露，富贵草上霜。"

　　有些人，不必太在意。该来的总会来，该走的总会走；该来的挡不住，该走的留不住；想帮你的总会帮，不想帮你的你再投入也没用。不必把太多的人请进自己的生命里。

　　太在乎，太在意了，你的目光就会仅仅局限在一点，而无法接受现实散射的真相。

　　苏东坡为什么能虽经磨难而悠闲从容、旷达乐观？看看他的《定风波》就清楚了。

　　"莫听穿林打叶声，何妨吟啸且徐行。竹杖芒鞋轻胜马，谁怕？一蓑烟雨任平生。料峭春风吹酒醒，微冷，山头斜照却相迎。回首向来萧瑟处，归去。也无风雨也无晴。"

　　此词作于苏东坡被贬黄州后的第三个春天（1082 年）。纵观全词，呈现出一种醒醉皆无、喜悲皆淡、胜败皆忘的人生哲学和处世态度。

　　因为他对政治风云、荣辱得失"无所谓"了，也就"无所畏"了。

　　我说"无所谓"，并非是让家长和你的孩子没有目标追求了，而是希望你和你的孩子在追求目标的过程中，不为一些不值得在意、不值得在乎的东西所羁绊，轻松快乐地去追求正确的理想目标。

当我们不为名利遮望眼时，我们就会脚踏实地地去工作，以淡然的心态去奉献，而不是以出名获利的态度去付出。而以出名获利的态度去付出的人，如果获不得名利，他就会怨天尤人，郁闷生气。

当我们不为"面子"而纠结伤及"里子"的时候，我们就会真正地活出自我本色，既入世而又出世，既积极而又洒脱，做自己想做的事情，做自己该做的事情。

当我们在追求目标的过程中，不为困难和挫折所困扰的时候，我们就会以乐观的心态，克服困难，战胜挫折，努力向上，去实现目标。

事实上，人在追求目标的过程中，都期望得到完美的结局，但不是所有的结局都能是完美的。因此，要学会承受不完美的结局，同时，也不要为追求目标所做的付出而懊悔。

没有付出，哪来的收获？即使收获的是不完美的结局。也不必为结局的不完美而沮丧，要"无所谓"。关上这一扇门，会打开另一扇窗。况且这扇门也许是虚掩着。

追求目标的人，应该有一颗强大的内心，有一个淡泊的心态。流沙无意沉作洲，只计耕耘莫问收。

如果一个人的心灵为"自我"、功名利禄和"面子"所蒙蔽的话，别说什么卓越的智慧，就连基本的观察判断能力也会丧失。

网上看到过一个笑话：有个人开着小轿车在山村的马路上行驶，迎面开来一辆货车。货车司机摇下窗户对他大喊："猪!"

轿车司机以为是骂自己，很生气，也摇下车窗骂道："你才是猪！"骂声刚落，他便迎头撞上一群过马路的猪。

货车司机本是善意提醒，而轿车司机为"自我"所蒙蔽，固执己见地认为货车司机是骂他，结果轿车与过路的猪"亲吻"了。

王安石在《登飞来峰》一诗中云："不畏浮云遮望眼，只缘身在最高层。"

家长与孩子要想实现人生之高度，心灵首先要有一定的高度，这种高度是超越于功名利禄和"面子"的。

乘坐过飞机的人都知道，当飞机上升到一定的高度，超越云层之后，看到的是晴空万里、碧蓝如洗，尽管下面的云层可能黑如泼墨，可能暴雨如注，甚至可能雷电交加，但飞机不会受到这种恶劣外界环境的影响，依然平稳地飞行。

人的心灵也是如此。当一个人的心灵在功名利禄和"面子"的"云层"笼罩之下，就会为得不到功名利禄而焦虑，得到了还为怕失去而不安；就会为"面子"的得失而烦恼。沮丧、痛苦、煎熬、气愤等负面情绪就接踵而至，会觉得难以承受，甚至会被击垮。

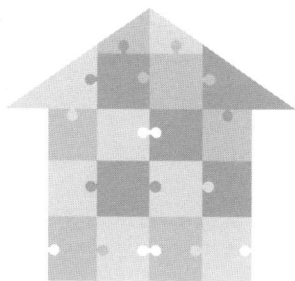

第八章

———

解决孩子具体问题的对策

孩子从小到大成长的过程中，有许多问题家长是必须要面对的。这些问题有的是心理上的问题，有的是学习上的问题，还有的是行为和品德上的问题。这些问题不解决，孩子问题就会变成问题孩子。家长对此绝不能掉以轻心。

一、治愈孩子的玻璃心，
提高孩子的自信力

孩子的心理问题不是小事，心理问题会直接影响到孩子的学习状态、影响到孩子的行为表现，尤其是孩子的自卑问题。

美国著名思想家姚乐丝·卡耐基在她所著的《女性的力量》一书中说："人应该谦逊，但不能自卑。"为什么不能自卑？马克思在《青年在选择职业时的考虑》一文中回答了这个问题："妄自菲薄是一条毒蛇，它永远啮噬着我们的心灵，吮吸着其中滋润生命的血液，注入厌世和绝望的毒液。"

孩子要是妄自菲薄，会成为"玻璃心"，一个具有"玻璃心"的孩子难成大器。家长怎样治愈孩子的"玻璃心"，让孩子能扛事儿呢？

（一）不要贬损孩子

孩子的"玻璃心"，在很大程度上都是家长造成的。有的家长孩子做事稍不如自己的意，贬损孩子的话就脱口而出。"你真没出息，这么不争气！""你真笨，看人家××多好！"这还真不是我瞎编。

记得有一次，我从外面回家，在我家的楼门口，看到一位三十多岁的妈妈在打她儿子，她儿子也就是刚上小学的年龄。她一边打，一边骂："你怎么这么笨啊，这么简单的题都不会做，你将来能干什么？"

听了这位母亲的话，我当时第一反应就是，这孩子难能有出息了，他妈妈已经给他的脑门上贴了笨的标签，这种笨的标签会烙印在他的心里。

（二）远离墨菲定律

心理学上有个著名的墨菲定律。墨菲定律最简单的表述，就是你越担心的事情，它就越可能发生。

说到墨菲定律，我想起我太爷爷的一件事情。他老人家一直担心自己在大年三十晚上去世，每到要过春节的时候，他就担心。结果，他83岁那年在大年三十晚上走了。这用咱们中国的老话来说，就是怕什么来什么。

所以，家长要避免孩子妄自菲薄，还要善于给孩子进行积极的心理暗示，让孩子能自我鼓励。

—— （三）相信自身价值

孩子的"玻璃心"有许多原因。但有一个重要的原因，就是不相信自身的价值。

有一次，我到一所大学去做《创新自我，成长成才》的演讲。在演讲结束之后，有一位女大学生就对我讲："刘教授，我觉得自己除了能花父母的钱，什么用都没有。"

我认为，这是典型的对自身的价值缺乏正确的认知而造成的"玻璃心"。

我告诉她，你没有认识到你的价值。比如，你学习好，考进了名牌学校，你父母会为此而自豪。你能让父母为你自豪，这也是你的价值。怎么能说你没有任何价值呢？

我女儿曾经问我："妈妈，你为什么不自卑？"我说："我为什么要自卑？"

她说："你上大学时，你们班的女生就你一个人是农村来的，而且你也不是太漂亮，家里还穷。"

我说："农村来的，不漂亮，家里穷就该自卑？这不是自卑的理由。"

我告诉她，我特别喜欢一个故事，是这个故事使我不自卑。于是，我对她讲了下面的故事：

有一位银匠家庭出身的人当了宰相。当上宰相后，他对家里的人讲，以后出去不许说咱家过去是银匠。

他母亲知道这件事情之后，对他讲："为什么不能说是银匠。银匠家出宰相不丢人，宰相家出银匠才丢人。"

家长应该告诉孩子"尺有所短，寸有所长"。"强者"不一定都是"武林高手"；"弱者"也并非都是"低能小儿"。事物都是辩证的，从某种意义上来说，你在某些方面虽是弱者，但你在另一方面也许就是强者。所以，无论如何，都不应该自卑。天生我材必有用。

二、让压力转变成动力，
提高孩子的扛挫力

焦虑也是孩子心理问题的重要方面。孩子的焦虑主要源于压力。学习成绩的压力、升学的压力、同学之间相互攀比的压力、困难挫折面前的压力，等等。

（一）给孩子讲讲"豆芽菜理论"

在心理学上，有一个著名的"豆芽菜理论"。这个理论认为，人才的成长就像发豆芽菜一样。豆子放在湿布下面，湿布的上面必须要压上石头。如果没有石头的压力，豆芽长得又长又细，口感很差；而如果有了石头的压力，豆芽就会长得又白又胖，口感很好。

家长应该让孩子知道："有压力才有动力。"克服了压力，压力就会转换成动力。历史上有一个很典型的压力变动力的小故事：

宋代的徽宗皇帝喜欢书画，并且造诣很深。有一天，他问随从："天下何人画驴最好？"

随从当场没有回答上来。退堂之后，随从赶紧去寻找画驴最好的人。结果，有人告诉他：画家朱子明有"驴画家"之称，显见画驴最好。于是，他就上奏皇上，召朱子明进宫画驴。

朱子明接到圣旨，吓得浑身直冒冷汗。因为他根本不会画驴。他是画山水的画家，因为是同行戏弄他而给他起了个"驴画家"的外号，并非擅长画驴才有"驴画家"之称。

但是，皇上之命不可违，情急之下，朱子明只好苦练画驴技术，先后画了数百幅有关驴的画。当他来到皇宫，他挥笔成驴，受到了徽宗皇上的赏识，他也因之而真正成了天下第一画驴之人。

自己不会画驴，皇上还钦点让自己画驴。不会画或画不好，轻者入狱，重者杀头，这不能不说是一个复杂棘手的难题，朱子明的压力可想而知。但他把压力变成了动力，苦练画驴技术，最终不仅受到了徽宗皇上的赏识，还成就了自己。

（二）调整一下对孩子的期望值

有时候孩子的心理压力就来源于家长的期望值。家长的期望对孩子不仅有影响作用，而且有引导作用，会伴随着孩子的一生。

家长不切合孩子实际、好高骛远的期望值，对孩子是一种无形的压力。孩子达不到家长的期望，本身就有压力，再加之有的家长对孩子大加指责，甚至棍棒加身，孩子的压力就会山大，久而久之还会郁闷忧郁。所以家长要懂得调整对孩子的期望值，别把世俗的成功当作目标，把孩子培养成人比培养成才更为重要。

（三）鼓励孩子勇于向挫折挑战

一个人的真正成功，不在于他取得了多少辉煌的成就，而是在挫折中他能否坚强地站起来。经得起风浪的孩子，未来的发展才大有可为。

人的一生，不可能一直顺风顺水，遭遇困难挫折在所难免。孩子遇到挫折的时候，家长要用爱来温暖孩子，而不是用责怪来刺激孩子；家长要为孩子出谋划策，鼓励孩子面对挫折，处理好挫折中的问题，让孩子把挫折当作老师，而不是当作失败来接受。

关于这一点，我还是有资格说几句的。我女儿刚上初一时，就遭遇过挫折。第一天上语文课，语文老师让班上的同学各自介绍自己的情况。我女儿介绍自己说，她是"海淀区十佳少年"。

第二天，语文课测试拼音。我女儿的成绩为 86 分，结果，点评课上，这位语文老师说："有的学生说她是'海淀区十佳少年'，拼音才考了 86 分，还好意思说自己是十佳少年，也不知道她的十佳少年是怎么评选上的！"语文老师说这话的时候，用一种不屑的眼神盯着我女儿。

我女儿举手要求发言，语文老师说："你还有话要讲？你说吧！"我女儿说："老师，我评选为'海淀区十佳少年'跟拼音考了多少分没有关系。"

女儿的这一句话，惹恼了这位语文老师。当时，她就把我女儿拎到了讲台上，让她道歉。说是你刚进初中就顶撞老师，这以后还得了！

随后，每堂语文课她都找碴批评我女儿，甚至鼓动全班同学孤立我女儿，而且，我女儿的语文作业和作文她就给写个"阅"字。

在这个语文老师的"淫威"下，我女儿面临的压力可想而知。班主任老师喜欢我女儿，专门找我谈过，她告诉我，这个老师是更年期，跟年轻教师在楼道里就打成一团，校长都拿她没办法，你女儿被她盯上了，在她的课堂上孩子的日子不会好过，班主任建议我给女儿转学。

从学校回到家里，我把班主任的意见告诉我女儿，征求她的意见。女儿说："妈妈，你不是告诉我，不要逃避困难挫折吗？您放心，我不会被压倒的。"女儿说这段话的时候，眼圈是红的，我的心里也非常难过。

尽管女儿有这样的态度，但我依然担心女儿的语文基础知识和作文的问题。我告诉女儿："老师上课总是要讲课的，你认真听，作业你自己认真检查，作文你自己练习多写。"我建议她去书店买点语文练习册，自己做完作业，对照着检查对错。

虽然这位语文老师给我女儿的作业和作文一"阅"就是三年，但我女儿在"挫折"中，一直坚强地站着，中考时，她的语文成绩全校第一名。全校只有两个学生考上人大附中，其中一个就是她。

中考前，她就读的初中校长通过班主任跟我沟通，想让我女儿提前跟学校签约，留在学校读实验班，我跟女儿沟通后，没有接受学校的邀请。女儿同意我的观点，人在社会上生活，总是要接受挫折的挑战、竞争的考验，早接受比晚接受好！而且要有勇气在哪里跌倒，就在哪里爬起来！

三、帮助孩子战胜恐惧，培养孩子的勇敢力

孩子恐惧胆小怕事，会影响他的自信心，也难成大事。而孩子恐惧、胆小、怕事，与家庭环境和父母的养育方式有着密切而直接的关系。家长溺爱、家长打骂、家长恐吓，都能导致孩子恐惧、胆小、怕事。

家长要帮助孩子战胜恐惧，培养孩子的勇敢力，需要注意下面的问题：

（一）不要溺爱孩子

家长爱孩子是天性，但不能溺爱。虽然当今做家长的大都知道溺爱孩子是有害的，但有时候却分不清什么是爱，什么是溺爱，更不了解自己家里有没有溺爱。

溺爱孩子，简单说来，就是过分宠爱。孩子在家里享

受特殊的待遇、特殊的照顾，经常吃"独食"；孩子能做的事情也不让孩子动手去做，久而久之，孩子对做任何事情都有畏难情绪；孩子遇到点问题，家长就大惊小怪，过度呵护；为了孩子的安全，即便孩子已经读高中了，家长依然剥夺他独立活动的权利。这种溺爱行为，最终会造成孩子胆小怕事，遇事不敢担当。

（二）不要打骂孩子

有的孩子胆小就是小时候家长打出来的。说一句不怕我先生看到的话，我先生的胆子就比较小。我曾经问过他："你外公是冯玉祥手下的将军，戎马生涯 18 年有余，跟着冯玉祥南征北战，是战场上滚出来的；你父亲 1943 年就参军，当了一辈子的兵，也是上过战场的，即便不算大将军，也算小将军。你是将门之后，怎么没有遗传他们的勇敢？"他回答我："是被我爸爸、妈妈打怕了。"他告诉我，小时候，他很调皮，一帮孩子经常在院子里折腾，捉别人家的鸡斗鸡，甚至打架。每当有人告到家里，就会被教训，有时候父母单打，有时候父母混合双打，就这样被打怕了。

（三）不要恐吓孩子

有的家长无法解决孩子不听话的问题时，经常恐吓孩子。什么"你再不听话，我就叫警察来抓你"、什么"你再不听话，妈妈不要你啦"等这种类似的恐吓话，会让孩子尤其是幼儿期的孩子心生恐惧。

我女儿三岁多的时候，我带她回老家。老家的院子里有十几只刚出生不久的小鸡小鸭。她很喜欢，就拿个小木棒在驱赶它们。我有个亲戚怕她打着那些小鸡小鸭，就跟她说："你别再追它们了，再追它们警察就来抓你了！"我女儿回复她说："我又没犯法，警察抓我干吗？"

对呀，孩子又没犯法，你拿警察吓唬孩子干吗？这不是让孩子从小"记恨"警察吗？

我母亲活着的时候，经常提起这件事，说这孩子嘴巴真厉害。

我不赞成教育孩子什么都不怕，但也不赞同家长用恐吓吓唬的方式来让孩子"听话"。

家长要培养孩子的勇敢力，但也要告诉孩子，不要去冒险，只有在必要时、在别无选择时的勇敢才是真正的勇敢，否则就是冒险。

四、把厌学转化为好学，
提高孩子的学习力

孩子应该是天生好学的。但在有的家庭中，好学的孩子却变成了厌学的孩子。孩子为什么会厌学？原因可能多种多样，但根本的原因，是孩子的学习动力不足。

学习动力是孩子学习的内驱力。有学习内驱力的孩子，内心有强烈的学习意愿，并能积极主动地去学习。

孩子为什么学习动力不足？原因还得从家长身上查找。

有的家庭没有学习环境，家长看电视、打麻将、玩手机；有的家长对孩子的期望值过高，过高的期望值孩子无法达到，索性就不学了；学校布置的作业本来就让孩子不堪其累了，有的家长还嫌不够，又给孩子的作业加码。

家长应该知道，外力越强，内力就越弱。孩子的学习动力不是逼出来的，而是激发调动出来的。家长怎样激发调动孩子的学习动力呢？

（一）营造良好的家庭学习环境

家长要想让孩子安心学习，就不要在孩子学习的时候看电视、打麻将、玩游戏，别说是孩子，就是大人也难能抵得住娱乐的诱惑。

夫妻之间即便发生矛盾也不要在家里当着孩子的面吵架，要吵，去外面吵去。我跟先生有矛盾的时候，就去香山樱桃沟吵，吵累了，锤子剪刀布，三局两胜定输赢，谁输了谁道歉，然后坐车回家做饭吃饭，输了得刷碗，这事就解决了。我先生经常输，便要经常刷碗，后来就习惯成自然，我们家刷碗的活就成他的"专利"了。

当着孩子的面吵架，孩子会担心，不知道这个家的日子还能不能过下去了。一个提心吊胆的孩子，他怎么可能安心学习？

（二）别让孩子总是做无用功

许多孩子做了太多的无用功了。孩子虽然每天很努力，但考试成绩却总是不理想。如果总做无用功，孩子看不到努力的效果，时间长了，就厌学了。比如，孩子已经会写的字了，还让孩子反复抄写；孩子已经会做的题了，还让孩子反复演算。

还有的家长给孩子放学后的时间安排得滴水不漏、满满当当，想用学习时间长来换取好成绩。结果，孩子休息娱乐的时间越来越少，该休息得不到很好的休息，该娱乐得不到娱乐，孩子的学习效率必然低下，于是，孩子开始焦虑，担心自己的努力得不到成正比的成绩。这其实是低质量的勤奋，低质量的勤奋跟懒惰没什么区别。

（三）要培养孩子学习的乐趣

孔子云："知之者不如好之者，好之者不如乐之者。"在孔子看来，懂得知识的人不如爱好知识的人；爱好知识的人不如以学知识为快乐的人。学习有"知、好、乐"三层境界，最高境界就是以学习知识为快乐的人。当一个人对他所做的事情产生了浓厚的兴趣，他就有了动力源。孩子的学习也是如此。有的孩子为什么玩手机、打游戏废寝忘食？因为他觉得好玩，有兴趣。

美国当代心理学家威廉·格拉瑟认为，如果孩子不愿读书，任何处罚都无法让他们就范，生命不像机器，可以由操纵者掌控，所有的动机都源自内心。学生成绩不佳的真正理由，是没有找到令他们满意的学习动力。

家长要想方设法去激发孩子的学习兴趣，让孩子真正体会到学习是快乐的事情。我女儿小时候，我为了激发她对学习数学的兴趣，我跟先生经常跟她一起玩24点扑克牌游戏。每一次她赢了，都很有成就感。为了激发她对语文学习的兴趣，我跟她一起练习编故事，引导她练习写文章，并鼓励她给报刊投稿。每当她的文章被刊登出来之后，都是对她莫大的鼓舞。

五、治疗拖拉的坏毛病，
提高孩子的行动力

孩子做事爱磨蹭、拖拉，也是家长头痛的问题。清晨闹钟都把他唤醒了，他依然躺在温暖的被窝里给自己找个借口，再躺一会儿；吃完早餐都要去学校上课了，却发现书包还没装好；快乐的假期都要过完了，假期作业还没开始做呢！

孩子做事磨蹭、拖拉也是一种病，得治。而且早治疗，早受益。

（一）联系生活让孩子建立时间观念

孩子做事爱磨蹭、拖拉，跟他缺乏时间观念有直接的关系。小时候的孩子的时间概念是比较模糊的，没有时间的紧迫感。他不知道一件事情赶紧做完做好会有什么更好的结果；他也不知道一件事情没有按时完成会有什么更糟的问题。

治疗孩子做事磨蹭、拖拉的毛病，要从娃娃开始。

抽象的时间对小孩子来说，是没有什么具体概念的。他不清楚钟表上标识的时间数字到底是干什么用的。因此，家长可以把钟表上标识的时间具体数字跟孩子的日常活动相对应。例如："现在是早上六点半了，咱们该起床吃饭啦！""现在是晚上八点半了，咱们该上床睡觉了。"这是联系生活让孩子建立时间观念。这种提示，会让孩子逐步认识时间的具体概念，知道它跟自己的生活是息息相关的。

（二）引导孩子养成遵守时间好习惯

有位朋友给我讲过她是怎样引导孩子养成遵守时间好习惯的。

她说，她儿子4岁的时候，吃饭总是磨磨蹭蹭。那一天中午，家人都坐在饭桌旁吃饭了，儿子还在屋子里玩他的变形金刚。她叫了儿子几遍，儿子也不理她。

她跟家人开始吃饭。孩子奶奶让她给孩子留出来饭菜。她说："他不吃就是不饿，别管他。"饭菜都吃光了，她清洗了碗筷。

孩子玩够了，跑到餐厅要吃饭。她跟孩子说，吃饭的时间已经过了，该到睡午觉的时间了。她告诉我，她就是想通过这件事告诉儿子，不遵守时间是要付出"代价"的。

听了这位朋友的故事，我想起拿破仑的一件轶事：说是拿破仑宴请几位将军，饭后顺便议事。到了吃饭的时间，几位将军却不见踪影。拿破仑不管这些，只管自己吃饭。刚吃完，几位将军来了。拿破仑说："吃饭的时间过了，现在开始议事。"几位将军一脸的尴尬……

家长应该让孩子明白，上课不守时，是违反课堂纪律；考试不守时，可能会失去考试资格；集会不守时，会浪费别人的宝贵时间。

那位朋友和拿破仑的做法，其实是一种惩罚的引导方法。事实上，家长可以奖惩并用。网络上曾经有人撰文谈及自己如何战胜拖拉的坏毛病。他写道："针对我的情况，我采用了奖励的方法：如果按规定时间完成，就奖励巧克力！如果超过了规定时间，就要罚洗碗。累计五次按时间完成，就可以买一个自己喜欢的东西（但不能太贵），这个方法真有效，我不再拖拖拉拉做事了！我终于战胜了拖拉！"

（三）家长要为孩子作出行动的榜样

治疗孩子磨蹭、拖拉的坏毛病，虽然有各种各样的方法，但根本的方法就是家长要为孩子作出行动的榜样。家长的言行是孩子最好的教材。

要想让孩子早起，家长就不要睡懒觉。家长懒懒洋洋地躺在被窝里玩着手机，却让孩子早点起床去学习，可能吗？要想让孩子养成怎样的习惯，家长先要具备那样的习惯。

家长要求孩子做到的事情孩子做不到，其实是家长没有做到。比如说，家长一边在手机上玩游戏，一边呵斥孩子去学习。孩子肯定不想去学习。如果母亲说："你妈我这辈子也没什么出息，就这样了，你难道也想跟我一样没出息吗？"孩子看着麻将桌上笑逐颜开的母亲，就会想，我看你虽然没有上过大学，但打麻将打得挺开心的，我干吗要吃苦受累去考大学？

苏联著名教育理论家苏霍姆林斯基说："当学生发现你的教育是在教育他的时候，你的教育是苍白的。"富兰克林说："一个良好的示范，才是最佳的训词。"家长以身作则，对孩子最具说服力。

在本书的结尾处，我想说一段话，转述一个故事。

我要说的这句话是：现在严重的问题不是教育孩子，而是教育家长。有了家长的改变才有孩子的改变。孩子所有的行为偏差，最终的源头几乎都在家长身上。为什么这么讲？

请看这个《分苹果的故事》：

有一位美国心理学家在全国选了 50 位成功人士和 50 名罪犯，分别给他们写信，邀请他们谈一谈自己的母亲。有两封回信让他印象深刻。

第一封信是一个犯人写来的。他在信中写道：小时候的一天，母亲拿来几个大小不一的红苹果。我一眼就看上了那个又红又大的，很想得到。

妈妈把苹果放在桌子上，问我和弟弟："你们想要哪个呀？"我刚想说要那个最大最红的，但弟弟捷足先登，说他想要。

母亲听了，瞪了弟弟一眼，对他说："好孩子，你要学会把好东西让给别人，不能总是想着自己。"

听了母亲的话，我赶紧对母亲说："妈妈，我想要最小的，把大的留给弟弟吧。"妈妈很高兴，就把那个大苹果"奖"给了我。

这件事让我受到了启发：谎言可以换取利益。后来，我只要想得到某种东西，都会不择手段，包括抢劫、偷盗。

第二封信是一位成功人士约翰写来的。信中写道：小时候的一天，母亲拿来几个大小不同的苹果，我和哥哥弟弟都抢着要大的。

妈妈把那个最红最大的苹果举在手里，对我们说："孩子们，这个苹果最红最大最好吃，你们都有权利得到它，但大苹果只有一个，怎么办呢？我看这样吧，我把门前的草坪分成三块，你们三人一人一块把它修剪好，谁干得最快最好，谁就有权得到它。"

我们兄弟三个铆足了力气修剪草坪。结果我干得又快又好，我赢得了那个苹果。

这个《分苹果的故事》是真是假，我无法考证，但即便是编撰的故事，也能给各位家长提供一定的启示：家长的观念和做法会对孩子产生直接的影响，甚至可以影响孩子一生的命运。

我很欣赏约翰母亲的做法，她正视孩子的权利和义务；她尊重孩子的独立人格；她让孩子明白了要得到自己想得到的东西，必须有付出。一分耕耘，一分收获。